Cherche désespérément...
l'homme de ma vie

Sylvie Tenenbaum

Cherche désespérément... l'homme de ma vie

Le regard d'un psy
sur la solitude des femmes
d'aujourd'hui

Albin Michel

Ouvrage publié sous la direction de Laure Paoli

Avertissement

J'ai rencontré une centaine de femmes ayant entre 20 et 50 ans. Afin de respecter l'indispensable confidentialité, je tiens à préciser que toutes les femmes citées portent des pseudonymes.
J'ai tenu également à restituer exactement les mots et les phrases de chaque citation.

À Nathalie, ma fille,

À Alexandra et Rachel, mes nièces préférées :
à vous trois qui embellissez la vie,
je vous souhaite de vivre tout le bonheur du monde.

Je remercie toutes celles dont les témoignages ont été si précieux, et tout particulièrement Arielle, Anne-Sophie, Chloé, Dorothée, Emma, Émilie, Kim, Louise, Mathilde et Sophia.

Que votre vie soit telle que vous la désirez.

« Même lorsque nous sommes défaits et accablés, la Vie triomphe.
Lorsque nous pleurons, la Vie sourit au jour... »

Khalil Gibran

Sommaire

Introduction **13**

Chapitre 1
ÊTRE UNE FEMME SEULE AUJOURD'HUI **15**

1. Femmes et traditions 17
2. Les difficultés de la femme qui vit seule 28

Chapitre 2
LA CONFUSION DES DÉSIRS **41**

1. Le rêve du Prince charmant 43
2. La magie de l'amour 50
3. Du rêve à la réalité 61
4. Lutter contre les peurs 69
5. Le choix de l'autre 76
6. La peur de la « bonne » rencontre 94

Chapitre 3
LE POIDS FAMILIAL **97**

1. Enfance et vie amoureuse 99
2. Les relations mère/fille 105
3. Le rôle des pères 122
4. L'inceste des pères 131
5. Le poids des générations : le transgénérationnel 135

Chapitre 4
PRENDRE LA RESPONSABILITÉ DE SES AMOURS **143**

1. Se connaître pour mieux se comprendre 146
2. Porter un regard différent sur sa vie amoureuse 152
3. Se réconcilier avec ses émotions 160
4. Tourner la page sur le passé 164
5. Se tourner vers l'autre 176
6. Apprendre à conjuguer le verbe aimer 182

Conclusion **191**

Bibliographie **193**

Introduction

« Rencontrer un homme, ce n'est pas compliqué, construire une véritable relation qui pourrait déboucher sur un couple est une autre histoire », confie Arielle. Comme tant d'autres, elle vit très mal sa solitude affective, de plus en plus mal au fil des années qui s'égrènent inexorablement. « Pourquoi suis-je encore seule ? » Cette question, que j'entends plusieurs fois par jour, émane de femmes qui se torturent l'esprit pour comprendre ce qu'elles appellent « l'échec » de leur vie affective. Si beaucoup de femmes sont très heureuses de leur célibat, c'est à toutes les autres qui souffrent de cette situation que s'adresse ce livre. Il leur propose des pistes de réflexion sur différents thèmes – dont chacun mériterait un ouvrage entier – qui me paraissent importants pour prendre conscience des freins et des obstacles qui sont à l'origine de cette incompréhension. Le cercle infernal des répétitions douloureuses qui les emportent dans des histoires malheureuses est dû à de nombreuses causes : les pages qui suivent les invitent à s'interroger sur les éléments les plus fréquemment rencontrés.

Vivre seule est difficile, malgré les libertés prises vis-à-vis de l'incontournable et classique mariage et de son rôle traditionnel qui étaient depuis toujours imposés. Si les temps et les mœurs ont changé, il n'en va pas de même pour les mentalités et les pressions tant sociales que familiales, qui existent encore, accentuant les difficultés du célibat féminin. Les traditions socioculturelles, les inconscients collectifs sur le féminin qui perdurent, la réussite professionnelle qui fait souvent passer au second plan la vie amoureuse dans les premières années de la vie adulte, le temps qui passe trop vite : ces femmes se retrouvent face à plusieurs obstacles. Leurs rencontres avec des hommes et les ébauches de relations amoureuses les laissent le plus souvent frustrées et leur détresse augmente lorsqu'elles considèrent la répétition de ce qu'elles décrivent comme des échecs.

L'indépendance et la liberté que leur octroie le célibat ne les satisfont plus totalement, loin s'en faut : leur désarroi s'accroît de rencontre inutile en rencontre décevante, qu'elles ne parviennent pas à s'expliquer.

Pourtant, il semblerait qu'un grand nombre de contradictions vienne instiller une confusion importante entre leurs désirs de vie à deux et leur goût pour l'indépendance. Si l'on considère tant leurs rêves de l'homme idéal, ce Prince charmant des contes de fées, que leurs a priori extrêmement négatifs sur leurs frères humains, il paraît logique de se poser la question de savoir si leur envie de convoler en « juste couple » correspond bien à leurs aspirations profondes. Il suffit d'observer leurs comportements avec les hommes et leurs choix de partenaires pour se demander ce qu'elles veulent réellement et comprendre que la peur est à l'origine de leurs attitudes et de leurs errements.

Ces attitudes et ces choix portent pour une part importante la marque de leur histoire : modèle du couple parental, relations avec leur mère et leur père, influence des générations précédentes. De nombreuses femmes subissant leur célibat ne se sont pas dégagées de leur passé : la répétition des mêmes scénarios et des mêmes problèmes en témoignent. Affectivement, leurs blessures d'enfants et d'adolescentes n'étant pas cicatrisées, leur propre valeur en tant que femmes n'étant pas assurée, elles voudraient tout réparer grâce à la magie de l'amour.

Pourtant, adopter une attitude de victime passive ne sera jamais la bonne solution : prendre conscience de leurs responsabilités dans leur façon de mener leur vie amoureuse, apprendre à mieux se connaître pour se comprendre aidera à briser le cercle infernal du passé dans lequel elles sont enfermées et à conjuguer le verbe aimer au présent de la voix active. C'est sur ces chemins que ces pages espèrent les accompagner.

Chapitre I

Être une femme seule aujourd'hui

Être une femme seule aujourd'hui n'a rien de rare, il s'agit même d'un véritable fait de société. Quel que soit leur âge, qu'elles soient divorcées ou célibataires « depuis toujours » comme l'expriment certaines, qu'elles aient ou non des enfants, nous voyons de plus en plus de femmes qui vivent seules – entendons par là qu'elles n'ont ni mari ni compagnon attitré dans la durée.

1. Femmes et traditions

Depuis toujours, on marie les femmes

La situation des femmes seules, au regard de l'histoire, est récente : elle ne se rencontre que depuis quelques petites décennies et le mouvement va en s'accentuant. Pourtant, depuis des siècles, l'institution du mariage, avec des formes et des rituels bien sûr très différents, se retrouve dans toutes les civilisations. Les ouvrages[1] tels ceux de Jean-Claude Kaufmann (sociologue) ou de Philippe Brenot (anthropologue et psychiatre) relatent parfaitement l'histoire, jusqu'à sa dernière mouture : le mariage traditionnel en Occident – pour ce qui nous concerne. Cette ultime conception semble cependant être tombée en désuétude, et je vous invite à suivre ce long cheminement en consultant ces livres. Il convient néanmoins de souligner que, de nos jours, nous ne nous marions plus pour les mêmes raisons qu'autrefois : la sexualité n'est plus légalement réglementée, il y a de moins en moins de patrimoine à transmettre et l'amour a fait son entrée dans les motivations pour décider de vivre à deux – fait récent qui a transformé le traditionnel « ménage » en « couple ».

Mais revenons un peu en arrière : il n'y a encore pas si longtemps, la femme seule, c'est-à-dire non mariée, était représentée par des figures telles que l'institutrice, la bonne du curé – sa sœur bien souvent –, la veuve, la religieuse ou la prostituée. Consacrée à Dieu ou aux enfants, ou vivant dans le péché et rejetée par la société, il était impensable qu'une femme ne se marie pas, le seul rôle qui lui était

1. Voir bibliographie p. 193.

dévolu étant de faire des enfants pour perpétuer le nom de son mari et les biens familiaux, et s'occuper du ménage, les vertus domestiques étant à peu près les seules qu'on lui reconnaissait. Dévouée à leur famille - encore que, pendant des siècles, les femmes des milieux favorisés n'élevaient pas elles-mêmes leurs enfants -, elle devait passer de la tutelle de leur père à celle de leur mari, éternelle mineure à qui l'autonomie était refusée pour cause d'incapacité - non fondée mais totalement ancrée dans les mentalités - à pouvoir l'assumer. Le célibat de la femme fut ainsi de tout temps totalement inconcevable, voire honteux et même « contre nature[2] ».

Il a fallu aux femmes des siècles de tentatives de rébellion contre cette situation pour acquérir une majorité légale aux yeux des hommes, légale seulement ; et il reste encore beaucoup à faire dans ce domaine.

Le féminin dans les inconscients masculins

Si la femme a longtemps été jugée incapable de s'assumer seule, pour des raisons d'infériorité intellectuelle, physique et économique, n'oublions pas que, de tout temps aussi, les archétypes féminins ont balancé entre la vierge - le dogme de la virginité de Marie est pourtant assez récent - et la putain, entre la mère sacrée, intouchable et la sorcière lubrique, l'épouse soumise et la dévergondée. Elle ne doit donc surtout pas vivre seule - vivre libre : sa sexualité, bestiale, ne peut que la conduire à des excès dans lesquels les hommes ne peuvent que se perdre. L'homme, dans sa sexualité, est toujours innocent : il subit les manipulations féminines, lui, l'homme si fort qui, après tout, n'a que des besoins-preuves de sa virilité. Il semblerait que cette imagerie ne propose que peu de choix aux femmes : soit elles sont idéalisées à outrance soit elles sont méprisées et considérées comme dangereuses. Ne qualifie-t-on pas les femmes séductrices de « fatales » ?

2. J.-C. Kaufmann, *La Femme seule et le Prince charmant. Enquête sur la vie en solo*, Nathan, 1999, p. 14.

Ceci explique cela : la domination masculine, celle du mari en tout premier lieu, est là pour les empêcher de nuire et donc pour les soumettre. Car, derrière cette « nécessaire » autorité, il convient aussi d'évoquer cette peur que les hommes ont des femmes, si finement analysée par Jean Cournut[3] : il faut qu'elles restent à leur place, surtout si elles ont quelques remarques ou récriminations à faire sur la virilité de leur « dictateur » très privé. Elles peuvent être des témoins gênants, d'autant plus que leur sexualité est difficile à satisfaire puisque incompréhensible et qu'elles sont tellement insatiables ! Les peurs inconscientes des hommes dans ce domaine sont immenses : toute femme est potentiellement une castratrice acharnée : « Cette bête prédatrice et démente, ce monstre régressif désire absorber le mâle, l'asservir à ses besoins physiques élémentaires[4] ».

De toute façon, l'existence de leur âme fut si longtemps et âprement discutée – les évêques se sont penchés sur cette question pendant trois longs siècles – que l'on peut sérieusement en douter... Différente, la femme ne peut que faire peur, à moins d'être la sacro-sainte mère vénérée par tous. Vit-on jamais, lors des échanges ou des rapts de femmes – pratique ancestrale –, des mères enlevées à leur famille ? Non, on n'échangeait ou n'enlevait que les sœurs et les filles : les mères sont intouchables et particulièrement honorées – si elles se cantonnent dans leur rôle.

Un homme est libre, une femme est seule

On dit d'un homme célibataire qu'il est libre, d'une femme célibataire qu'elle est seule. C'est un fait linguistique indéniable. Et si une femme est seule, elle va forcément vouloir « mettre le grappin » sur un homme, puisque son destin est de se marier : « Petit homme triste, si tu vois à l'horizon une divorcée de trente-cinq balais, prends tes jambes à ton cou », disait Cavanna. D'un mot, quand il s'agit d'une

3. J. Cournut, *Pourquoi les hommes ont peur des femmes*, PUF, 2001.
4. B. Dijkstra, dans *Les Idoles de la perversité*, Seuil, 1992, cité par J. Cournut, *op. cit.*, p. 50.

femme, la panique s'exprime de façon très spontanée, révélant une mythologie très significative sur la « misogynie des profondeurs ».

Dans le *Dictionnaire des idées suggérées par les mots*[5], le terme « célibat » renvoie à deux autres mots : « homme » et « mariage », « célibat » et « célibataire » désignant un état : « homme non marié » et « état avant le mariage », comme si le mariage était le passage nécessaire. Il n'y a rien concernant la femme : les auteurs de cet ouvrage ne semblent même pas pouvoir imaginer un célibat féminin. Eschyle disait que « la femme toute seule n'est rien » : aujourd'hui encore, il est bien difficile pour une femme d'être célibataire. Comme si le fait de n'être pas mariée ne pouvait que renvoyer automatiquement à une quelconque tare. « Elle n'est pas capable d'en garder un, elle doit être complètement invivable ! » Quand on ne l'accuse pas de dépravation – jusqu'à un certain âge : « Elle ne doit pas s'embêter, celle-là ! », puisque « elles ne sont jamais satisfaites par un seul être du sexe opposé » (Mahâbhârata) et que « leur boulimie sexuelle s'allume même dans l'eau » (Père Du Barry et Abbé Bosc). Bref, mégère ou lubrique, la femme célibataire n'emporte décidément pas tous les suffrages : « Les femmes ne sont pas nées pour être libres » (Norman Mailer). Surtout pas ceux des hommes qui ont peur de « se faire avoir » ou bien qui, tout en profitant allégrement de la disponibilité de la dame, la méprisent copieusement : « C'est le genre de femme charmante avec qui on passe de bons moments, mais tout de même, elle est déjà un peu usagée pour imaginer un avenir ensemble... », peut-on encore entendre au détour d'une conversation entre hommes. Car, selon le dicton, « il y a celles avec qui l'on s'amuse et celles que l'on épouse ».

Tout au contraire, un homme « libre » est un homme « à prendre », paré de toutes les qualités imaginables : il a de l'expérience, il a su « faire sa vie », il est autonome, etc. Célibataires ou mariés, ces messieurs se considèrent le plus généralement libres d'agir à leur guise dans le domaine de leur vie affective et sexuelle. La société les y a

5. P. Rouaix, *Dictionnaire des idées suggérées par les mots*, Lgf, Livre de Poche, 1989.

d'ailleurs copieusement encouragés : il n'y a pas encore si longtemps, l'adultère du mari n'était pas considéré comme une cause de divorce, contrairement à celui de la femme – qui est encore, dans certains pays, lapidée ou brûlée vive pour une simple suspicion, sans preuve, d'adultère !

Il n'est donc pas étonnant qu'il soit si inconfortable pour une femme de vivre seule, la misogynie socioculturelle ambiante l'accablant plus ou moins directement. Même si aucun homme n'oserait aujourd'hui affirmer que « le rôle de la femme est de souffrir, obéir, consentir » (Jean-Jacques Rousseau), même si la « gynophobie » (« La populace et les femmes sont difficiles à éduquer et poussées par de mauvais instincts », affirmait Confucius, ce « sage » si vénéré...) ne s'exprime plus aussi ouvertement, les inconscients collectifs vont sans doute mettre encore des siècles à oublier cette soi-disant prédominance « naturelle » des hommes sur les femmes, puisque « le statut de dominant est l'essence de l'identité masculine[6] ». Si, de nos jours en Occident, les hommes ne peuvent plus – comme ce fut le cas pendant plusieurs dizaines de siècles – tenir des propos officiellement méprisants et violents sur les femmes, cela ne veut pas dire qu'ils ont disparu, tapis au creux des idées et des espoirs à tout jamais perdus de certains...

Ce que l'on reproche aux femmes, c'est la dénatalité, l'abandon de la famille au profit de la carrière, la déstabilisation psychologique des hommes, le non-respect des valeurs traditionnelles sans lesquelles notre société ne peut que s'écrouler... Comme Jean-Paul Sartre, méfions-nous encore, malgré tous les acquis arrachés de haute lutte, ne nous laissons pas prendre par cette « misogynie de salon » que l'on rencontre chez tant d'hommes délicieux qui « adorent » les femmes. Il vaudrait mieux qu'ils les aiment. Il reste aux femmes à continuer à prendre leur destin en main.

6. É. Badinter, *XY. De l'identité masculine*, Odile Jacob, 1992, p. 195.

Le poids des traditions

Différentes raisons sous-tendent ces difficultés à assumer cette vie de femme seule, dont l'une est le poids des traditions. Le célibat féminin dérange car une femme n'est pas censée s'appartenir : la vie d'une femme doit être liée à celle d'un homme. Beaucoup de femmes ont d'ailleurs cru dans le pouvoir libérateur du mariage : une illusion de liberté pour s'évader de la tutelle familiale. Bien qu'elles refusent de se soumettre au rôle féminin traditionnel, les femmes célibataires subissent des pressions sociales non négligeables et se sentent parfois coupables de la vie qu'elles mènent. « Quelquefois, j'ai "honte" de vivre seule. Disons que socialement, je suis un peu "hors norme", et quand je suis invitée chez des amis, c'est gênant d'être la seule célibataire au milieu de couples qui se "bécotent", qui ont des projets... Mais je parle de mon célibat comme un état de fait, je ne m'en cache pas » (Louise). Comme si elles n'avaient pas le droit ou la permission de se passer d'un époux. Si Dorothée est formelle : « Je n'ai pas honte du tout de vivre seule. C'est assez classique », tout comme Chloé : « Je n'ai pas honte de vivre seule car j'ai la chance d'être très bien entourée », plus nombreuses sont celles que leur célibat dérange. Kim, entre autres, en a honte : « C'est un échec pour moi, en plus je suis la fille aînée et mes jeunes sœurs sont déjà mariées. » Non seulement elle n'en parle pas, mais elle s'est inventé un « compagnon » : au travail, tous ses collaborateurs sont persuadés qu'elle vit avec un homme.

Ce que les femmes vivant seules n'ignorent pas, c'est qu'elles ont affaire à forte partie : l'inconscient collectif social. « J'ai à la fois honte et pas honte de vivre seule. Je n'aime pas faire les choses seule : aller au cinéma, m'asseoir à la terrasse d'un café, au restaurant, en vacances... Je préfère me priver plutôt que de le faire seule. Parfois, le regard de la société est lourd de sous-entendus et de jugements, ce qui blesse et fait que l'on ne se vante pas forcément d'être célibataire. Lorsque l'on décline sa situation de famille, mieux vaut être divorcée ou veuve que célibataire passé un certain âge, même si, dit-on, les mentalités évoluent » (Arielle) ; « Je parle très peu de mon célibat ou alors en demandant à mots couverts qu'on m'aide à en sortir. En tout cas, je n'en parle plus jamais comme d'un choix épanouissant, contrairement à ce que je croyais ressentir auparavant, sans me rendre compte que je me leurrais... » (Anne-Sophie) ; « Je commence à avoir honte d'*être* seule, pas de *vivre* seule. Parce que je dois avoir des tares et que la solitude ne peut se cacher ! Parce que cela veut peut-être dire que je ne suis pas faite pour le bonheur, pour la continuité, l'engagement. D'ailleurs je n'en parle pas ou je le tourne en dérision : "je n'ai pas le temps en ce moment", "trop de choses à régler", "je ne suis pas amoureuse" » (Emma). Elles vivent à contre-courant de ce que l'on attend d'elles, ce qui n'est pas toujours simple. À tel point qu'elles voudraient parfois s'en justifier ou tout au moins expliquer à leurs détracteurs qu'elles ne sont pas inhumaines, qu'elles ne sont pas de frivoles viragos ou pire. « Je parle de mon célibat sur le ton du cynisme, un peu comme une fatalité. Je mets les gens qui m'en parlent un peu mal à l'aise car je déteste qu'on me dise des phrases du style : "Je ne me fais aucun souci pour toi", "Une fille comme toi, je ne comprends pas", "Je suis sûre que c'est parce que tu es trop difficile" » (Émilie). De mille façons, la société leur fait comprendre qu'il n'est pas bien qu'elles vivent seules trop longtemps, ni pour elles, ni pour les autres car elles ne sont pas un exemple à suivre. Pourtant, le nombre des mariages va toujours décroissant : la société n'y est-elle pour rien ? Lorsqu'on ressent de la honte, c'est qu'on a l'impression qu'on fait quelque chose de mal...

La pression familiale

Et s'il n'y avait que la société qui les montrait du doigt ! La famille ne s'en prive pas, augmentant la pression au fil des années. Si l'indépendance matérielle d'une fille est hautement valorisée, l'inquiétude va croissant et, même si elle n'est pas toujours exprimée directement, son poids s'alourdit de fêtes de famille en anniversaires où le « petit fiancé » tant attendu n'arrive toujours pas. J'ai connu des femmes qui, pour avoir la paix dans les réunions de famille, amenaient un ami pour jouer le rôle du « promis ». Sophia en est sûre : « Mes parents seront ravis si je me marie. D'abord pour eux, c'est normal, et puis c'est leur culture, ils n'envisageraient pas autre chose, d'autant plus que leur seule valeur, c'est la famille. Ma mère me parle tout le temps des filles de ses amies qui se marient... Elle me met la pression. » Emma sourit en disant : « Si je rencontre quelqu'un, mes parents seront contents, oui ! Ils auront moins peur, ils seront enfin rassurés. » Car la honte ou la culpabilité font leur chemin, même pour une célibataire fière de l'être. Louise précise : « Si je rencontrais quelqu'un, cela ferait plaisir à ma mère car, pour elle, ce n'est pas normal que je sois encore seule. Je pense que pour elle, c'est un échec. » Anne-Sophie pense que « son père, ses amis, seront heureux » qu'elle rencontre un homme. « C'est, dit-elle, le destin normal et épanouissant d'une femme pour mon père qui me demandait sans arrêt quand j'allais me "caser". »

Si l'horloge biologique – dont nous n'avons pas fini de parler – constitue un véritable problème pour la femme, il en va de même pour ses parents qui n'attendent qu'une chose : des petits-enfants. Ils finissent d'ailleurs eux aussi par se culpabiliser et se demandent pourquoi leur fille qui est si bien, « qui pourrait rendre un homme heureux car elle a tout pour plaire », est encore seule. Ce n'est pas normal. Mais ces femmes ne vont tout de même pas se marier pour rassurer leurs parents !

D'autant plus que ce n'est pas si simple et qu'elles non plus ne vivent pas forcément bien cette situation. « Ce n'est pas mon choix, en tout cas plus aujourd'hui », reconnaissent la plupart.

Le combat des femmes

Il n'a pas été simple pour elles de se faire entendre. Qui de nos jours connaît les affres vécues par les femmes dans leurs essais d'affirmation et de reconnaissance de leurs compétences et talents à travers les siècles ? Il est toujours sidérant de constater à quel point les inconscients collectifs masculins – mais aussi féminins, ce qui est logique – sont empreints de certitudes sur la légitimité de la domination des femmes par les hommes. Domination fondée sur des principes « naturels », « biologiques », donc évidente pour tout un chacun et chacune – à l'instar de la justification dite « scientifique » du racisme. Une domination qui a autorisé les maris à s'approprier le salaire de leur épouse jusqu'en 1907 – il n'y a même pas cent ans ! Qui leur a interdit de voter jusqu'en 1944 – alors que d'autres pays européens avaient devancé la France. Qui perpétue encore aujourd'hui une réelle inégalité dans les salaires. Domination qui parle encore « d'instinct » maternel, alors que la maternité est une fonction, tout comme la paternité : « La maternité est son destin alors que la paternité est un choix[7]. » Comme le dit si vertement Roger Pol Droit : « On mélange sans même s'en rendre compte le rôle spécifique des femmes dans la reproduction de l'espèce, et leur statut dans une société donnée, comme si avoir des seins obligeait à faire la vaisselle[8] ! » À ce propos, il est soulageant de rencontrer des hommes qui tiennent ce type de discours : ils sont heureusement nombreux.

Domination masculine, donc, qui continue à ne glorifier chez la femme que la sacro-sainte maternité, comme dans les régimes totalitaires : n'est-ce pas le maréchal Pétain qui a remis à l'ordre du jour la fête des mères ? Une femme de quarante-cinq ans à qui je demandais ce que représentait pour elle le féminin m'a répondu qu'elle ne voyait rien d'autre que le fait de devenir mère. Nous sommes encore dominés par une législation faite par les hommes qui n'ont admis et condamné la violence conjugale qu'en 1994. Une domination perpétrée par les pères accrochés désespérément à l'idée d'un patriarcat éternel, leur conférant tous les pouvoirs sur leur femme et leurs filles – la société et ses institutions prenant le relais de cette mainmise souvent inconsciente. Domination enfin qui ne peut encore décrire ce qui est féminin qu'en contraste avec le masculin et en négatif par

7. É. Badinter, *Fausse route*, Odile Jacob, 2003, p. 197.
8. *Le Monde*, 20 février 1998.

rapport à ce dernier ; ainsi, « la femme est ce que l'homme n'est pas[9] », remarque Françoise Héritier. Il y a plusieurs années que Dorothée se pose la question de savoir ce que c'est qu'être une femme…

Un féminisme positif

Les écrits féministes d'Alexandra David-Neel ne sont pas très connus. Pourtant, dès 1906, elle prononçait des discours défendant la cause des femmes en ces termes : « Nous sommes toutes esclaves, mineures par nos droits et majeures par nos fautes[10]. » Prônant l'émancipation sociale des femmes, elle leur demandait de se prendre en charge et d'apprendre à devenir matériellement indépendantes des hommes. Pour elle et tant d'autres grandes féministes du début du XXe siècle, tant en France qu'en Angleterre, la dépendance financière des femmes constituait le plus grand obstacle à la reconnaissance de leur dignité en tant qu'êtres humains. L'auteur refusait également d'admettre – rejoignant ainsi les théories de la psychologie contemporaine – que seules les femmes devaient prendre en charge l'éducation des enfants. Ainsi, elle défendait déjà l'égalité des droits entre les sexes, ne faisant cependant jamais preuve de sexisme à l'encontre des hommes. S'attaquant aux codes sociaux très stricts qui conditionnaient tout autant les rôles féminins que les rôles masculins, elle voulait défendre une liberté de choix de vie aussi bien pour les femmes que pour les hommes : « Que chacun vive suivant ce qu'il est et accomplisse sa destinée[11]. »

Elle encourageait les femmes à se questionner sur leur conditionnement, mais aussi sur leurs besoins, leurs désirs, leur identité profonde afin qu'elles arrêtent de se poser en victimes et se responsabilisent. Elle les exhortait à se soustraire – sauf si c'était leur désir – à leur rôle de reproductrice qui les maintenait dans une totale dépendance et les soustrayait aux autres fonctions sociales qu'elles pouvaient revendiquer et où elles auraient l'occasion de donner le meilleur

9. Citée par J. Cournut, *op. cit.*, p. 27
10. A. David-Neel, *Le Féminisme rationnel*, Les Nuits rouges, 2000.
11. *Ibid.*, p. 59.

d'elles-mêmes, lorsque la maternité ne représentait pas pour elles une valeur particulièrement exaltante.

Alexandra David-Neel suggérait également aux femmes d'accorder moins de place aux hommes dans leur vie, de donner moins de poids à ce qu'elle dénommait leur « tutelle intime[12] ». Elle souhaitait que la rencontre du Prince charmant ne soit pas la seule préoccupation des jeunes filles, quelle que soit leur classe sociale, car le statut d'épouse et de mère n'est pas le seul dont puisse rêver une femme. D'autres domaines d'épanouissement existent, disait-elle – et elle l'a ô combien magistralement démontré par sa propre vie –, que les femmes ont la responsabilité de trouver en elles et d'exploiter pour prouver leur propre valeur sans se « masculiniser » : « Soyons nous-mêmes[13]. »

Comme le démontre brillamment Pierre Bourdieu[14], il est très difficile de prendre l'exacte mesure de cette hégémonie des hommes sur les femmes puisque nos inconscients sont imprégnés depuis des millénaires de ces conceptions et croyances, lesquelles sont de tout temps renforcées par les autorités religieuses et morales. Il serait même inutile de prendre la peine d'argumenter dans ce sens : « La vision androcentrique[15] » va de soi. La virilité reconnue est à tel point honorifique que l'on félicite encore plus chaleureusement les pères de garçons, surtout s'il y en a plusieurs – jumeaux ou triplés : car il faut vraiment être « un homme, un vrai » pour concevoir des hommes en herbe. C'est cette conception de l'homme et de la virilité qui justifie certaines pratiques brutales à l'encontre des femmes, certes viriles mais si violentes : comme si la seule démonstration de la force physique suffisait à prouver que l'on est un homme – pratiques « de renforcement des solidarités viriles[16] » que l'on déplore et condamne, mais que l'on rencontre si souvent et contre lesquelles des mouvements

12. *Ibid.*, p. 60.
13. *Ibid.*, p. 61.
14. P. Bourdieu, *La Domination masculine*, Seuil, 1998.
15. *Ibid.*, p. 15.
16. *Ibid.*, p. 58.

comme « Ni putes ni soumises » tentent de se battre en alertant l'opinion publique.

Il n'est pas dans mon propos de faire ici un tableau exhaustif du combat que les femmes doivent mener, les ouvrages ne manquent pas à ce sujet – essais sociologiques, historiques, biographies, romans –, mais bien plutôt de montrer pourquoi il est si difficile pour une femme de vivre non mariée ou sans compagnon attitré, encore de nos jours. Car la femme fait l'objet de nombreuses projections masculines et elle doit aussi lutter contre des représentations multiséculaires.

2. Les difficultés de la femme qui vit seule

Nous venons d'en décrire plusieurs. Il y en a d'autres. Il suffit d'être attentif aux propos des femmes pour s'en faire une idée : « Je n'aime pas aller seule au cinéma ou au restaurant, j'ai l'impression que tout le monde me regarde et se demande pourquoi je suis seule » ; « Je préfère me passer de vacances ou de week-end plutôt que d'aller seule quelque part, je me sens encore plus seule » ; « Je ne comprends pas, je ne suis pas plus nulle qu'une autre, je dois pourtant bien avoir quelque chose qui cloche » ; « J'en ai assez des plateaux-repas-télé, j'ai envie de partager autre chose avec un homme » ; « J'aime bien les soirées avec les amies mais finalement, on ne parle que des hommes qu'on n'a pas » ; « Je ne supporte pas la Saint-Valentin », etc.

Un célibat qui ne réjouit plus

En réalité, malgré les joies que procurent le célibat et la liberté, le seul objectif de ces femmes est de rencontrer « l'homme de leur vie », celui qui les délivrera de cette solitude si difficile à vivre. « Quand je parle de mon célibat, j'en parle comme d'une étape (un peu longue) de ma vie, que je n'ai pas forcément délibérément choisie, que je ne revendique pas et que je subis. Mais j'en parle aussi comme d'une étape peut-être nécessaire pour que la suite soit pleinement appréciée. J'ai profité du célibat parce qu'il me donnait le pouvoir de vivre ce que je voulais quand je le voulais sans aucune contrainte, sans avoir de comptes à rendre à qui que ce soit. Parce que j'avais aussi peur de toute forme d'engagement et parce que je ne me connaissais pas. Maintenant il me pèse parce qu'avec le temps, je me suis aperçue que le modèle de couple ou de mariage que j'avais devant moi avec mes parents n'était pas unique au monde et que je pouvais créer mon propre couple à mon image et à celle de mon partenaire » (Arielle) ; « Au début, j'ai apprécié une certaine forme de liberté, avoir du temps pour moi et me sentir autonome. J'avais l'impression de me retrouver, de faire de nouvelles rencontres et de vivre les choses différemment. Ce qui me pèse, désormais, c'est d'avoir toujours à m'organiser pour ne pas passer toutes mes soirées seule, faire toujours l'effort d'appeler les gens, avoir l'impression que les choses ne cessent d'évoluer dans la vie des autres et de n'avoir rien qui change dans la mienne. J'ai très souvent eu l'impression de regarder passer les trains et que jamais aucun ne s'arrêtait pour moi » (Émilie) ; « Je n'ai jamais vraiment apprécié le célibat. Je l'ai longtemps vécu comme une honte, alors je me suis investie dans d'autres domaines (études, vie professionnelle) pour qu'il passe mieux. Le célibat m'a pourtant permis (obligée) de mieux me connaître, de construire ma vie en fonction de moi seule et de mes envies. Actuellement, mes amies en ont ras-le-bol de cette situation : vie affective compliquée et non constructive » (Anne-Sophie). Ce n'est pas le manque de rencontres qui les inquiète : pour une aventure sans lendemain, les hommes sont nombreux et c'est déjà très bien. Nécessaire mais pas suffisant.

Parmi ces femmes, nous rencontrons les grandes déçues de l'amour qui semblent n'en plus vouloir, à tout jamais, surtout quand elles regardent autour d'elles, ne voyant que des couples en détresse, disent-elles – mais, au fond de leur cœur, la tristesse est grande. « Vivre seule est un choix. C'est une pause dans une vie de couple qui ne me convenait pas, avec la prise de risque que cela ne soit pas qu'une simple pause, mais une rupture... » (Mathilde). Tristesse d'autant plus grande que ces femmes refusent de se résigner au modèle de couple traditionnel tout en aspirant au grand amour, celui que l'on décrit dans les contes de fées...

Les femmes ennemies des femmes

C'est bien leur droit, beaucoup de femmes revendiquent le bien-fondé du mariage traditionnel - mais cela ne va pas souvent sans critiquer celles qui vivent autrement, que ce soit ou non leur choix. Critiquer et craindre ces femmes « libres », donc légères. Ces regards féminins ne les aident en rien. Tout au contraire. Elles sont trop nombreuses, celles qui prennent à leur compte les critiques des hommes à l'égard des femmes célibataires, avec un taux d'agressivité nettement plus élevé. Regrettent-elles de s'être mariées ? Déplorent-elles une vie sexuelle frustrante et surtout frustrée ? Sont-elles tout simplement jalouses ? « Les femmes libres ne sont pas des femmes », disait Colette... Tant il est vrai que les pires ennemies des femmes sont bien souvent les autres femmes. Mères, aïeules, voisines, etc. qui, soumises et ayant tellement souffert de leur féminine condition tout en reconnaissant sans conteste le pouvoir et la suprématie des hommes, ne pardonnent pas à celles qui prennent une autre voie.

Savent-elles seulement que bon nombre de femmes célibataires se disent libres pour ne pas s'avouer seules ? Craintes, ces femmes seules, elles le sont, mais tellement jalousées aussi : elles ont le temps de se consacrer à leur carrière, et elles réussissent particulièrement bien. On peut se demander si ces femmes mariées qui se dévouent à leur famille sont si heureuses de leur sort. À tout le moins, elles fantasment sur la vie de celles qui sont déchargées de toutes les tâches et responsabilités qui les encombrent.

Mais surtout, beaucoup de femmes ont intégré, depuis des générations, les archétypes masculins sur les femmes : si elles ne sont pas mariées et mères, elles sont condamnables. C'est un a priori bien enraciné. Quelques-unes ont même du mal à comprendre leur combat contre la domination masculine, critiquant les mouvements féministes qui encouragent les femmes à revendiquer leurs droits – même si certains sont effectivement d'un radicalisme et d'un sexisme nuisibles. Elles développent une colère parfois incompréhensible tant elle est virulente et se montrent d'une misogynie encore plus féroce que celle de ces hommes. Alexandra David-Neel leur reprochait souvent d'être pour leurs sœurs les pires ennemies au lieu de se soutenir : « Une femme blâmant une autre femme [...] commet la plus lourde faute qu'il soit possible contre son sexe[17] », disait-elle. Il est vrai que quand des femmes reprennent à l'encontre des autres femmes – et c'est plus fréquent que l'on croit – des propos machistes ou misogynes, elles contribuent à s'abaisser elles-mêmes et à pérenniser la tutelle qui les maintient dans une position inférieure.

Les femmes seules se voient donc contraintes de lutter sur deux fronts : la domination masculine et l'incompréhension parfois haineuse des autres femmes. Dans l'un et l'autre cas, l'argument majeur est leur vie sexuelle, fantasmée par les unes et les autres.

Le temps passe trop vite

Nous avons déjà évoqué le facteur temps, tellement important dans la vie des femmes : il est très contraignant et elles ne peuvent rien faire contre ce sablier qui s'écoule bien trop vite. Elles ont fait des études parfois longues, mené à bien une vie professionnelle en y mettant beaucoup d'énergie, ont profité et profitent encore d'une liberté qui leur permet de vivre à leur guise – et beaucoup d'années ont passé. Autour d'elles, les amies se marient, elles font des enfants : « J'en ai assez, dit Émilie, d'être la marraine des enfants des autres, c'est la quatrième fois ! » Cette envie d'enfant finit par devenir obsédante – et elles restent toujours seules, avec des moments de rencontres et

17. A. David-Neel, *op. cit.*, p. 60.

d'aventures très agréables, certes, mais qui ne durent pas. Parfois de leur fait, parfois non.

Ce temps qui passe doit-il leur faire renoncer à leur choix de vie ? Doivent-elles moduler leurs attentes ? Doivent-elles orienter autrement leurs rencontres et choisir un « bon papa » plutôt qu'un compagnon pour elles ? Ce temps qui passe, elles le vivent encore plus mal car notre société n'exalte que la jeunesse, la beauté, insistant sur le fait que, la plupart du temps, les hommes se « bonifient » physiquement en prenant de l'âge. Mais pas elles.

Une société de l'apparence

J'en profite pour faire un petit détour sur les chemins de l'apparence physique : notre société en a fait un « must » incontournable, pour les unes comme pour les autres, à un point tel qu'il est effectivement difficile de s'extraire complètement de cette pression : « Le look, c'est fondamental, je meurs de peur de prendre des kilos, même un seul, c'est ma hantise » (Céline) ; « J'ai toujours extrêmement besoin d'être rassurée sur mon physique » (Julie). Prendre soin de soi, se mettre en valeur et vouloir maintenir son corps en bon état de marche sont des signes importants d'une bonne santé physique et psychologique, mais que cela devienne une véritable obsession ne va pas dans le sens d'une bonne estime de soi. Il est regrettable de constater à quel point l'aspect extérieur devient la valeur majeure ambiante. Les femmes torturent véritablement leur corps, croyant ainsi se rendre irrésistibles.

Ainsi, la tyrannie du look parfait obsède un trop grand nombre de femmes, en particulier celles qui vivent seules. Les autres, celles qui sont mariées ou en compagnonnage, ne sont pas épargnées, mais la pression paraît plus légère. Kilos à perdre : « Notre société opulente érige la maigreur en modèle. Libérées du corset de leurs aïeules, les femmes ont hérité d'un carcan mental. Moins d'une sur cinq est bien dans sa peau, les autres sont à la recherche d'un corps introuvable[18] ».

---

18. A. Fohr et I. Monnin, *Le Nouvel Observateur*, n° 2045, 15-21 janvier 2004.

Sport acharné et efforts quasi quotidiens pour un remodelage, chirurgie esthétique pour obtenir un corps de rêve, constituent un *diktat* conditionnant non seulement la séduction, mais aussi l'apparence d'un bien-être mental, d'une maîtrise de soi et d'une volonté de fer. Le surpoids semblerait être le synonyme d'un déséquilibre psychologique, d'un manque de contrôle sur soi vilipendé et prohibé. « Et tant pis pour les dommages collatéraux souvent tus : perte de la libido, goinfrage, obésité, pathologie de la honte[19] », tant pis pour les « ratages » (plus fréquents qu'on ne le croit) des liftings ou des plasties de la poitrine, du ventre et autres lieux « sensibles » : seule l'apparence compte dans une société où le charme physique ou intellectuel ne représente plus une « bonne » valeur.

« Le problème, dit le nutritionniste J.-P. Zermati[20], c'est que les gens mettent toute leur identité dans leur apparence. Ils confondent beauté, amour et séduction », négligeant la beauté de l'âme, du cœur et de l'esprit. Le seul dogme de notre société est la perfection sculpturale du corps, féminin surtout, mais les hommes commencent à être contaminés : corps éternellement jeune et bardé de muscles. Perfection justifiant un combat journalier contre toute trace de vieillissement, de relâchement, contre toute trace laissée par la nature... Les plasticiens fabriquent un même modèle de femme, les impératifs du jour devant convenir à toutes – quel que soit leur âge puisque certains répondent positivement à des demandes de lifting émanant même d'adolescentes !

Au mois de novembre 2003, s'est tenu à Paris un symposium sur le thème « Corps de femmes sous influence ». Y participaient, entre autres, un anthropologue, un historien, un psychologue social, un professeur de nutrition, un anthropobiologiste, un sociologue, un pédopsychiatre-psychanalyste. Ils s'interrogeaient et s'alarmaient sur « le discours esthétisant, la moralisation du devoir de santé et de beauté[21] » actuels, inquiets de l'influence des nombreux régimes sur le développement de l'obésité.

19. *Ibid.*
20. *Ibid.*
21. *Cultures et Mouvement*, n° 60, septembre 2003.

Nous assistons au grand retour du corps-objet, de la femme-objet si longtemps traquée par les féministes – et les femmes se précipitent tête et corps perdus dans ce traquenard, confondant apparence et identité. Rajoutant ainsi un problème supplémentaire à leurs difficultés déjà importantes puisqu'il s'agit avant tout de plaire pour enfin rencontrer le Prince charmant.

La liberté sexuelle

L'invention de la pilule contraceptive, le droit à la contraception (1967) et à l'avortement (1975) provoquèrent une véritable révolution dans la vie sexuelle des femmes – et des hommes. La sexualité de la femme fut trop longtemps diabolisée, à tel point que même dans le cadre du sacro-saint mariage, l'homme devait l'approcher le moins possible – sinon, il risquait de trop s'éloigner de Dieu –, et seulement pour cause de procréation. Trop « fréquenter bibliquement » son épouse représentait un risque réel pour l'homme.

Les femmes sont ainsi passées du rôle de reproductrices à celui de femmes libres de décider leurs maternités. Et beaucoup d'hommes ne s'en sont pas encore remis : la sexualité féminine n'étant plus exclusivement liée à la procréation, ils ne peuvent plus être totalement sûrs d'être le père de leurs enfants. La notion de plaisir fait désormais partie de la vie sexuelle des femmes : les peurs des hommes augmentent.

Même si, par leur éducation, les femmes aiment conjuguer sexe et amour, elles sont désormais libres de vivre leur sexualité comme les hommes, en changeant de partenaire comme elles le veulent. En outre, elles peuvent revendiquer leur droit au plaisir. Pour les hommes, tout va à l'envers : jusqu'à présent, les femmes ne devaient s'occuper que du plaisir de leur partenaire. Leurs pulsions s'expriment enfin et les hommes découvrent qu'elles ont aussi des besoins, des désirs – qu'elles n'ont nulle envie d'éteindre, il y a trop longtemps que cet aspect de leur vie était pour elles recouvert de cendres.

Nous avons vu que, dans les archétypes masculins concernant les femmes, la sexualité féminine était pour les hommes une *terra incognita*, qu'ils ne comprenaient pas ce monde étrange et inquiétant. Perçue comme dangereuse, elle provoque souvent chez eux un malaise, tout en les culpabilisant. D'autant plus qu'ils ne contrôlent plus ce qui, depuis la nuit des temps, était sous leur seule tutelle. Même si, de tout temps également, les femmes ont toujours su trouver des moyens de contraception efficaces - mais dans le plus grand secret...

Entre indépendance et engagement

La problématique est réelle, en particulier pour les femmes qui se passionnent pour leur carrière. D'autant plus qu'elles vivent une totale autonomie financière et sexuelle qu'elles renâclent à abandonner. Avant tout, elles se sentent libres et adorent cette liberté. Car elles sont libres, effectivement : elles mènent leur vie comme bon leur semble, leur quotidien n'est alourdi d'aucune tâche contraignante, elles maîtrisent la gestion de leur salaire, leur vie relationnelle, leurs loisirs. Très bien organisées, elles se construisent chez elles un vrai confort dans un cocon douillet et s'autorisent la vie sociale qu'elles désirent, où tout leur paraît possible, dans la légèreté et le plaisir.

Quelques chiffres

- 70 % des femmes de 15 à 59 ans disent que fonder une famille est une condition essentielle pour vivre heureux.
- Pour 10 400 000 femmes mariées, il y a 4 700 000 femmes célibataires, 710 000 veuves, 1 300 000 divorcées.
- 21 % vivent sereinement leur célibat et le revendiquent comme tel.

Source : F. Giroud, « Les Françaises. De la Gauloise à la pilule », Fayard, 1999.

Surtout, elles refusent la notion d'enfermement tel qu'elles affirment l'observer dans les couples qu'elles fréquentent : elles veulent laisser tous les possibles à la portée de leurs envies, déniant parfois leur désir profond d'être accompagnées – mais pas au prix de la perte de leur identité, pas au prix d'une vie en cage, même une cage rose. En quittant le célibat, Mathilde pense qu'elle peut perdre « [ma] liberté et du temps pour [moi] », Émilie perdrait « du temps pour faire les choses séparément », Kim perdrait « sa liberté », alors qu'Emma craint de voir se réduire le nombre de ses amis. Mais elle ajoute : « Aujourd'hui, j'ai peur et je me sens seule pour tout affronter. Le sentiment amoureux me manque, et surtout quelqu'un qui s'occupe de moi, une présence qui donne un sens au temps. Avec quelqu'un, je pourrais me sentir en sécurité... La solitude, c'est comme avoir des dents pour croquer alors que la pomme est hors de portée. J'envie ceux qui font le chemin à deux jusqu'au bout si possible. »

Arielle nous explique son choix de vivre seule – et son déchirement entre liberté et engagement affectif : « Ce fut un choix plus ou moins conscient. Je refusais l'idée de mariage parce qu'à mes yeux, elle signifiait la fin de la liberté d'être, l'enfermement, la dépendance à l'autre et parfois même la soumission et parce que je ne voulais surtout pas ressembler à tous ces couples mariés autour de moi et surtout à celui de mes parents. L'idée de mariage me posait un problème par rapport à cette notion "d'être dans la norme" ! Qui se permet de fixer cette norme ? Si l'on ajoute à cela l'aspect religieux car, à la campagne, la majeure partie des mariages se font aussi à l'église, quand on est athée... cela pose un problème. » Si elle rencontre l'« homme de sa vie », elle pense qu'elle peut perdre son « rythme de vie » et qu'elle devra s'adapter à celui de l'autre. « Je perdrai certaines de mes habitudes et j'aurai besoin de me retrouver seule parfois. Mais aujourd'hui, le célibat me pèse parce que ce sentiment de liberté n'est qu'illusoire, parce que la solitude et le manque d'échange et de communication s'installent lourdement et n'engendrent pas d'évolution personnelle. Parce que s'occuper de quelqu'un et que quelqu'un s'occupe de soi est bon et que c'est plus facile de faire face aux épreuves à deux que seule. » Quant à Louise, elle a choisi de vivre seule pour d'autres raisons : « Je préfère être seule plutôt que de vivre une histoire que je jugerais "médiocre". C'était un choix, mais qui commence à me peser. Depuis un an, j'aimerais rencontrer quelqu'un, et d'un autre côté, je me plais dans le célibat car j'y trouve des avantages. J'aime ce célibat pour sa "liberté", une indépendance certaine, pas de comptes à rendre, du temps pour moi. Mais je me sens très seule. » Anne-Sophie pense qu'elle perdrait certaines habitudes auxquelles elle s'est attachée : « Ça ne me paraît pas si important ! ajoute-t-elle. Je pourrai perdre une liberté de décision sur tout ; même si ça me pèse parfois, ça a sûrement des avantages. Je serai forcée de faire tout un tas de concessions. Dans l'idée, je me sens prête, mais dans la réalité ? »

C'est finalement l'entrée dans une maturité affective qui les effraie : elles vivent leur vie professionnelle en adultes sûres d'elles et déterminées, mais il leur est difficile de renoncer à une forme « d'adolescence des sentiments ». Elles ont peur de voir toutes les portes se fermer devant elles si elles s'engagent : les choix, les possibilités disparaîtraient et l'avenir serait réduit à la seule vie de couple. Philippe Brenot donne ces chiffres : « 84 % (des femmes seules) déclarent être satisfaites de ce choix mais 44 % disent ne l'avoir pas choisi et 56 % attendent une rencontre amoureuse qui les ferait renoncer au célibat[22]. » La plus grande majorité reconnaît toutefois que cette situation leur permet un véritable épanouissement professionnel. Pourtant, nous connaissons tous des femmes qui se battent et se débattent contre les doutes et les frustrations, les manques et la tristesse liés à leur situation de femme seule.

Un nouveau mariage

Il n'est aujourd'hui plus question d'évoquer le mariage s'il ne s'agit pas d'une union fondée d'abord sur un sentiment d'amour et sur une sexualité épanouie pour les deux partenaires. La sexologie est une science nouvelle. Fini le temps où une femme devait « se marier pour être mariée », même si le « couple reste le modèle de la vie privée[23] ».

22. P. Brenot, *Inventer le couple*, Odile Jacob, 2001, p. 133.
23. J.-C. Kaufmann, *op. cit.*, p. 58.

Mais pas n'importe quel mariage, ou pas n'importe quel couple : il convient, à l'intérieur de cette union, que les partenaires conservent intactes leur identité (personnelle et professionnelle) et leur autonomie (personnelle et professionnelle). La responsabilité de chacun et l'égalité en toutes choses, des plus triviales aux plus élevées, constituent en outre un autre « impératif catégorique » à satisfaire. L'ensemble de ces nouvelles composantes est à créer, à inventer, car il n'existe pas de références antérieures sur lesquelles s'appuyer. Boris Cyrulnik disait que l'alliance de l'amour et de la conjugalité était une innovation au regard de l'histoire : ce nouveau couple éprouve un certain mal à se mettre en place, ce qui contribue à augmenter le nombre de personnes vivant seules. Car il paraît particulièrement difficile pour une femme de conserver ses avantages professionnels, souvent durement gagnés, si elle a des enfants. Cet aspect constitue encore une autre raison qui explique pourquoi des femmes restent célibataires de plus en plus longtemps : « J'avais surtout envie de vivre en harmonie avec moi-même et de me donner les moyens d'aller jusqu'au bout de mes projets. Et je pensais, avant de prendre ma décision, que pour mieux vivre en couple, il fallait que je passe par cette étape » (Mathilde). Pour les hommes, les enfants ne sont pas des obstacles à la vie professionnelle et l'âge ne compte pas vraiment pour leur vie personnelle : à tout moment de leur vie, ils peuvent décider de choisir une femme – jeune de préférence – pour se marier et fonder une famille. Contrairement aux femmes qui doivent mener à bien une carrière tout en ne prenant pas trop de temps car, toutes le disent : « Les hommes valables sont vite pris et l'horloge biologique nous rattrape très vite pour avoir des enfants. » Sans négliger non plus l'importance du décalage qui existe entre les salaires féminins et masculins : peu d'hommes acceptent de gagner moins que leur femme. Cette difficulté s'ajoute aux précédentes et ne facilite pas les choses. Comme le remarque si bien Jean-Claude Kaufmann, il est très facile pour les femmes de trouver des compagnons pour une durée « déterminée » : le problème est plus épineux pour un « CDI ». Elles assurent leur sécurité matérielle et leur épanouissement social par un métier qui leur apporte une reconnaissance dont elles – ou plutôt la lignée qui les a précédées – ont si cruellement manqué auparavant.

La question des nouvelles relations entre les hommes et les femmes fait l'objet de nombreuses interrogations de la part des scientifiques. En effet, l'émancipation des femmes de la domination masculine a entraîné des changements importants à la fois dans la vie socio-économique, mais aussi dans la vie privée. Le « modèle unique » du couple occidental n'est plus si unique et l'on assiste à une diversification des comportements relationnels, transformation également justifiée par la place nouvelle donnée à l'individualité.

Si le mariage traditionnel semble donc sur le déclin, d'autres formes sont à construire, où tous les ingrédients au bonheur doivent être présents, bonheur qui s'apparenterait à une forme de « compagnonnage » réunissant l'ensemble des attentes des deux partenaires. Mais nous n'y sommes pas, et les femmes vivant seules le comprennent bien, elles qui sont bien souvent partagées entre le désir d'autonomie et l'envie d'avoir une vie commune avec un homme. Pourtant, avant d'imaginer les modalités d'une union amoureuse idéale, il est nécessaire de comprendre les principales raisons de la solitude qui perdure.

Chapitre 2

La confusion des désirs

Une grande part des déceptions que connaissent les femmes vivant mal leur célibat trouvent leurs causes dans certaines attitudes mentales et dans des comportements qui les emmènent très loin de ce qu'elles désirent. Les rêves illusoires, les a priori sur les hommes, la nostalgie de l'amour maternel, les appréhensions et les croyances qui conditionnent des choix ne menant qu'à l'échec, la peur aussi de l'amour font partie des thèmes sur lesquels il semble nécessaire de se poser des questions.

1. Le rêve du Prince charmant

Le Prince charmant semble toujours régner sur les cœurs et les esprits de ces dames, quel que soit leur âge, même en ce début de troisième millénaire.

Une image mythique

Cet homme idéal incarne une véritable image mythique indétrônable qui idéalise et réunit l'ensemble des qualités que doit absolument posséder toute figure masculine, sous peine d'être dédaignée et sans doute jamais regardée. Car s'il est pardonnable de n'être pas prince de sang, il est impératif d'être prince de cœur, d'esprit et de corps.

Toutes les femmes – ou presque – en mal d'amour rêvent de rencontrer l'homme de leurs rêves, sinon prince du moins très charmant. Seul cet homme pourra se voir accorder l'insigne honneur de devenir « l'homme de leur vie ». Car lui et uniquement lui saura déclencher l'étincelle magique qui les fera chavirer. De cet homme, elles attendent qu'il illumine leur vie, qu'il fasse brûler en elles les feux de la passion, qu'il enchante leur quotidien en se dévouant corps et âme pour l'embellir minute après minute, qu'il les entoure de mille attentions toutes aussi inattendues que plaisantes, qu'il se consume de désir pour elles et que leur ardeur leur soit tout acquise – à tout jamais. Et, soit dit en passant, le « jamais » est très long et s'allonge avec l'espérance de la durée de la vie. Quand les couples n'avaient qu'une quinzaine ou une vingtaine d'années à vivre leur union, c'était sûrement plus facile, mais maintenant il faut pouvoir « tenir » dans un temps qui s'étire à l'infini.

Rêver du Prince charmant constitue une occupation très prenante qui n'empêche ni de travailler ni de vivre son quotidien. Comme le décor sur une scène de théâtre : il est là et permet aux acteurs de faire leur métier, il peut changer entre les actes.

Qu'à cela ne tienne, les princes des rêves sont eux aussi modulables selon l'humeur du moment.

Pour ces femmes qui vivent ce rêve si intensément, le corollaire auquel nulle n'échappe est l'attente : car il ne suffit pas de rêver. Si cet homme idéal n'était qu'un rêve, une abstraction née de la seule imagination, il ne serait pas omniprésent. Il ne serait qu'un support de rêve, à l'instar des passions adolescentes pour un acteur ou un chanteur. Le simple fait de l'attendre le rend déjà plus concret et conditionne de nombreux comportements – comme celui de se préparer à la rencontre : une occupation à plein temps...

Portraits du Prince charmant

D'abord et avant tout, le Prince charmant – sans parler de ses qualités physiques incontestables – se doit d'être *dis-po-ni-ble*. Cette qualité est tout à fait fondamentale, essentielle, c'est la condition première pour entrer dans la catégorie. Et ceci pour une raison bien simple : la solitude, ça suffit ! Il doit pouvoir se libérer pour s'occuper de sa « bergère ». Même si la liberté semble n'avoir pas de prix, le premier désir exprimé est de rencontrer quelqu'un qui soit là, une présence constante auprès de cette femme qui en a tellement manqué. Pour les autres aspects, indispensables pour se différencier du commun, voici les plus fréquents.

Il s'agit d'un homme « qui aime sortir et voyager, qui a de l'humour » – qualité majeure à l'évidence car toutes les femmes à qui j'ai posé la question la mentionnent, l'une d'entre elles souhaite même « un brin de folie ». Il doit savoir conjuguer sensibilité et douceur avec dynamisme. Il lui faut être attentionné, doux, gentil, tendre, serviable, mais aussi bien dans sa peau, équilibré, sûr de lui. Il doit savoir comprendre, partager et communiquer, être ouvert, curieux et cultivé, protecteur et indépendant. Il doit avoir une bonne situation, être travailleur et ambitieux.

Les critères plus subsidiaires, moins fréquemment cités, sont « l'honnêteté, la sensualité » – l'une d'elles précise qu'elle désire un prince « libéré sexuellement » –, la créativité, l'intelligence, le goût pour le sport, une attitude positive devant la vie, l'élégance, une grande aisance dans les rapports sociaux, les contacts humains ; il est réaliste et passionné à la fois, optimiste sur la vie.

Sur l'ensemble des femmes interrogées (plus d'une centaine), deux seulement ont mentionné la fidélité comme qualité attendue, une seule souhaite rencontrer un homme qui ne la prenne pas « pour sa mère ou sa sœur », mais pour celle-ci, il s'agit d'une description « en creux » : pour qui doit-il la prendre ?

Les portraits du Prince charmant se ressemblent tous, étonnamment : faut-il en conclure que toutes les femmes rêvent du même homme ? Il semblerait que, tout simplement, elles additionnent le plus grand nombre de qualités possibles, recherchant une entité parfaite, parée de tous les ornements relationnels, moraux et intellectuels correspondant à leurs rêves. Il doit « tout » posséder car, grâce à cet homme, elles se rapprocheront d'un idéal auquel elles aspirent pour elles-mêmes, pour s'apprécier en tant que personne. N'est-il pas éminemment flatteur d'arborer à son bras une personne si proche de la perfection ? Reconnaissons cependant que ce portrait est plutôt tentant et que peu de femmes résisteraient à un tel homme...

Des attentes illusoires

Ce portrait, trop idéal, ne relève que du seul domaine des idées... La perfection n'est pas de ce monde, elle n'est pas de l'ordre de l'humain – n'en déplaise à beaucoup. Et quand le degré d'exigence s'élève au-dessus d'une barre réaliste, la déception est au rendez-vous. C'est ce qui arrive trop souvent à ces femmes. Leur Prince charmant, l'homme de leur rêve, n'existe pas : il est trop parfait - inhumain - pour être vrai, il ne pourrait venir que d'une autre planète. Malgré tout, c'est pour un tel phénomène qu'elles seraient prêtes à quitter leur chère liberté et à rompre leur solitude. Car ces femmes veulent tout : un homme solide, courageux, ambitieux, sûr de lui, autonome et indépendant, protecteur et fort, sensible, attentif, compréhensif, à l'écoute, subtil et plein de tact, avec une libido à la fois passionnée et câline.

Après tout, comme dit le dicton, « Mieux vaut être seule que mal accompagnée ». Mieux vaut être seule ? Alors pourquoi tant de plaintes sur la solitude s'accompagnant parfois d'une véritable détresse ? Au creux de leur tristesse, elles n'en sont pas toujours si sûres. Quant au « mal accompagnée », il conviendrait de creuser la question. Les exigences exposées sont bien trop binaires : c'est tout ou rien. Si un homme ne possède pas toutes ces qualités, mieux vaut se priver d'un homme et continuer à musarder avec les autres.

Trop de critiques

Malheureusement, qui dit niveau d'exigence élevé ne dit pas seulement déception assurée. Cela signifie également degré de critiques particulièrement haut, bien trop haut... Un ami en quête de « la femme de sa vie » me confiait il y a peu que les femmes qu'il rencontrait avaient pour occupation favorite, lui semblait-il, l'expression continue et piquante d'une litanie de critiques sur les hommes qu'elles rencontraient. La rencontre d'un homme idéal paraît aussi impossible qu'improbable - d'autant plus que toutes les attentes doivent être satisfaites dès les premiers instants. Beaucoup semblent ignorer - ou feignent d'ignorer - qu'il faut du temps pour connaître quelqu'un. Comment, en une soirée, repérer l'intelligence, la gentillesse, l'indépendance et tous les autres traits de caractère du prince ? D'autant plus que ces messieurs savent bien ce qui plaît aux dames et, dans les débuts, ils montrent ce qu'ils ont de meilleur - comme tout le monde, n'est-ce pas ? Comme elles, c'est certain, et ils sont bien capables, pour appâter leur potentielle partenaire, d'en rajouter un peu. Rien n'est plus simple, surtout qu'elles n'attendent que ça. Le jeu de la séduction est bilatéral. Mais les premières soirées passées ensemble n'apprennent pas grand-chose sur l'autre puisque les deux jouent plus ou moins le rôle qui les met le plus en valeur : il s'agit de la parade amoureuse, tout simplement.

C'est pourquoi la désillusion, à la hauteur des espérances, est souvent démesurée, qu'elle intervienne rapidement ou non. Et ce n'est, la plupart du temps, pas la « faute » de ces messieurs, contrairement à ce que pensent de nombreuses dames qui, furieuses et tristes, se déclarent « flouées et dégoûtées, car ils sont bien tous pareils. Ils se moquent de nous ». Parfois elles sont dans le vrai, mais le plus souvent ce sont elles qui portent le poids de cette désillusion : comment l'ont-elles évalué, cet homme ? Ne l'ont-elles pas confondu avec une image ? Il est tellement habituel d'habiller l'homme d'un soir des vêtements de lumière du prince et, passé minuit, de ne découvrir finalement qu'un homme « normal ». Alors, plutôt que de regarder ce nouveau venu inattendu et d'en être curieuse, elles lui tournent un dos rageur. Bien sûr, il se peut qu'elles soient tombées sur quelqu'un qui ne les intéressera vraiment pas, ou sur un goujat – oui, ils existent –, mais il ne faudrait surtout pas généraliser.

Ainsi, de soir en soir, de rencontre en rencontre, la liste des hommes rejetés sans autre forme de procès s'allonge, confirmant l'amertume et la déception. Sans oublier qu'elles ne se remettent pas en question : tout est de la faute de l'autre qui est trop ceci ou pas assez cela. Exigeantes à l'excès, trop critiques *a priori*, elles manifestent une recherche de la perfection masculine qui ne peut qu'être vouée à l'échec – les empêchant de voir les autres hommes, moins princes mais très charmants. Cette attitude entretient sérieusement leur solitude. Le moindre « défaut » – entendez par là ce qui n'est pas sur la liste des attentes – est stigmatisé et elles se focalisent sur cet aspect, choquées comme elles pourraient l'être d'un crime de lèse-femme merveilleuse.

Chloé raconte comment elle a récemment rencontré un homme en faisant un stage de tir à l'arc. Ils prennent du plaisir à se parler pendant des heures, ils sont bien ensemble et commencent à se rapprocher. De retour à Paris, ils se donnent rendez-vous dans un restaurant. Voici ce qu'elle dit de cette soirée : « Quand je l'ai aperçu dans le restaurant, j'ai failli partir : je ne supportais pas de le voir si mal habillé. Je lui ai tout de suite annoncé que s'il voulait me revoir, il fallait qu'on fasse des courses ensemble pour lui acheter d'autres vêtements. Comme il est très gentil, il n'a rien dit, mais il ne m'a plus téléphoné. C'est dommage, il aurait pu me comprendre ! » Quant à Aurore, qui avait décidé de se méfier des hommes trop manifestement dragueurs, elle a rencontré Olivier qu'elle décrivait « très attentionné, simple, attentif à moi et qui savait m'écouter ». Pourtant, au bout de quelques soirées, elle s'est détournée de lui : « Je m'ennuyais trop, il ne me faisait pas rire. »

Si beaucoup d'hommes rechignent à s'engager dans une histoire d'amour qui pourrait entraver leur liberté – eux aussi ils y tiennent –, il semble que ces femmes se conduisent de la même façon, mais pour des raisons différentes : elles n'entrouvrent qu'une porte très étroite et seul le Prince charmant est invité à entrer dans leur domaine affectif. Les autres n'ont qu'à s'améliorer ! Alors, au lieu de se plaindre du manque de choix, les hommes « bien » ayant, semble-t-il, déserté la planète Terre, ne vaudrait-il pas mieux dire que ce sont elles qui sont souvent trop exigeantes ?

La recherche du même

En réalité, ces femmes, pourtant si malheureuses de vivre seules, semblent refuser d'accepter que l'autre soit différent d'elles. Évidemment, avec le Prince charmant, il n'y a aucun risque : comme elles le modèlent selon leurs vœux, il est forcément parfait. Et « parfait » signifie « comme moi : nous avons les mêmes goûts, les mêmes valeurs, les mêmes loisirs, la même vision de l'amour, du couple, de la vie, des choses ! C'est d'ailleurs pour ça que nous pourrions si bien nous entendre : nous sommes pareils ». Le sentiment de sa propre valeur fait forcément défaut dans cette recherche et ces femmes n'ont pas nécessairement une très haute idée d'elles-mêmes puisqu'elles ne supportent pas l'imperfection du non-Prince charmant.

C'est sur la base des ressemblances que l'on se rencontre, il est vrai, mais il existe toujours des différences car chaque être humain est unique, malgré les espoirs de fusion totale. Dans la recherche des partenaires, « on voit poindre, dit Boris Cyrulnik, la recherche du semblable, l'attirance par le miroir. Mais dans ce miroir, ce qu'on voit, c'est soi de l'autre sexe[1] ». Une femme me disait il y a peu : « Quand je l'ai rencontré, j'ai cru que c'était mon jumeau. Même physiquement, il me ressemble. Nous n'avons pas besoin de parler : nous sommes exactement les mêmes. » Mais sans parler, comment peut-elle en être si sûre ?

Tant il est vrai que ce qui est différent est potentiellement dangereux, puisque la différence implique automatiquement, consciemment ou non, une idée de séparation. L'altérité est souvent mal vécue car elle renvoie à la rupture d'antan, celle qui a permis à l'identité séparée – d'avec la mère – de se construire, de s'élaborer : « Fantasmes et mythes de fusion, de non-différenciation [...] ont pour modèle fondamental le corps à corps primaire de la mère et de l'enfant[2] ».

Il faut bien avouer que la ressemblance avec un personnage fabuleux – qui n'existe que dans les fables... – ne peut que réjouir l'ego et satisfaire l'idée que l'on a de soi : « s'il est parfait et que nous sommes semblables, je suis également parfaite »... Pourtant, la certitude d'être quelqu'un de bien à ses propres yeux ne peut se construire sur une telle présupposition. Un homme – un être humain – n'a pas à jouer le rôle de faire-valoir d'un autre.

---

1. B. Cyrulnik, *Sous le signe du lien*, Hachette Littérature, 1989, p. 214.
2. J. Cournut, *op. cit.*, p. 8.

2. La magie de l'amour

Dans cette attente du Prince charmant, nous retrouvons une forme de la pensée magique de l'enfant qui croit dur comme fer qu'en voulant très fort une chose, elle arrivera. L'enfant, qui longtemps s'imagine être tout-puissant, a une confiance totale en ses pouvoirs.

La passivité

Devenues adultes, ces femmes dont nous parlons semblent croire encore aux bienfaits de cette magie qu'est l'impérieux désir. Certaines se disent même prêtes, si c'était possible, à utiliser de vieux grimoires pour confectionner des filtres d'amour aux vertus non contestables. Tant l'étincelle magique leur semble seule digne d'intérêt. Cette étincelle, seul le Prince charmant peut la déclencher pour transformer leur vie. Tout se passe comme si cette capacité ne pouvait en aucun cas leur appartenir. Dorothée nous dit qu'elle « attend un rêve… être avec lui et ne pas se poser de questions ». Cette attente de la magie salvatrice, qui va faire basculer la vie dans un bonheur ineffable, porte en elle tous les ingrédients de la passivité. Une femme peut rester pendant des années lovée au fond de son fauteuil en souhaitant très fort qu'une bonne fée ouvre la porte de son appartement pour laisser entrer le prince de ses rêves : si le fait d'en rêver lui suffit, elle en est très heureuse, au moins un certain temps. En revanche, si elle attend soir après soir, jour après jour qu'il fasse irruption à ses côtés, elle risque bien de se ratatiner et, au fil du temps qui passe, de passer à côté de sa vie. Plus l'attente devient un véritable mode de vie, plus la déception et l'amertume seront grandes – et personne d'autre que celle qui a décidé d'attendre n'en sera responsable, surtout pas les hommes.

Une femme passive – dans sa vie affective par exemple – n'a aucun impact sur son destin. Elle doit juste se contenter de bien attendre, jusqu'à s'ankyloser. Car cette passivité envahit son quotidien, compagne indissociable de sa solitude. Sa seule pensée ne peut en aucun cas produire de miracle.

Les ravages des contes de fée

Comme la Belle au bois dormant, elle attend. Ce qui me rappelle une berceuse que chantait cette grand-mère : « Dodo, Ninette, endormez-moi c't'enfant jusqu'à l'âge de vingt ans. Vingt ans sont passés : va falloir la marier. » Vingt, trente ans ou plus sont passés, et Ninette n'est toujours pas mariée : elle dort encore. Loin de sa réalité de femme et de la vie, elle attend : le prince ne viendra pas et sa vie n'est bercée que de rêves. Comme Cendrillon qui passe son temps à se faire humilier et à faire le ménage, Cendrillon pataugeant dans les cendres, elle croit qu'« un jour, le Prince viendra », comme dit la chanson : et s'il venait, qui rencontrerait-il ? Une enfant, au mieux une adolescente pétrie de rêves qui ne lui appartiennent même pas et qui, comme le dit très laconiquement Guy Corneau, veut « se faire voir, se faire valoir, se faire vouloir... et, ajoute-t-il, va se faire avoir[3] ! » Elle ne se fera avoir bien souvent que par elle-même... Le Petit Chaperon rouge n'est pas plus heureuse : elle aussi attend qu'un homme – ce n'est plus un prince mais un chasseur, mais la chasse n'est-elle pas une activité de prince ? – vienne la tirer du mauvais pas dans lequel son manque du sens des réalités l'a entraînée. Je n'évoque même pas Peau d'âne qui, pour fuir les désirs incestueux de son père, a dû se sauver du château...

Cette femme attentiste ne décide pas de sa vie : elle ne prend aucune décision, aucune initiative, et se contente de se demander pourquoi « ça ne marche pas », pourquoi personne ne vient la délivrer de son – triste – sort, du sortilège qui la tient si malheureuse. La naïveté est souvent son excuse : « Je ne savais pas, on ne m'a

---

3. G. Corneau, *N'y a-t-il pas d'amour heureux ?*, Laffont, 1997, p. 87.

La vie n'est pas un conte

Comme dans la toute petite enfance, certains adultes voudraient croire qu'ils possèdent la toute-puissance nécessaire à la réalisation de leurs rêves. Ce n'est que dans la réalité que l'être humain est limité : les héros des contes sont invulnérables et tout-puissants, immortels, ou alors ils ressuscitent, comme Blanche Neige. Dans les contes, grâce aux fées, tout est possible, il suffit de connaître la formule magique ou de posséder le talisman adéquat. Mais ce n'est pas la vie.

Aucune femme n'admettra qu'elle croit aux contes de fées : amour-propre oblige. Pourtant, certains comportements pourraient parfois laisser penser qu'une partie d'entre elles porte encore sûrement bien enfouie dans les profondeurs de l'enfant qu'elles ont été et qu'elles gardent en elles, l'espérance qu'il y a du vrai dans toutes ces invraisemblances...

jamais rien dit, je ne pouvais imaginer, ce n'est pas de ma faute... » Or, passé dix-huit ans – l'âge de la majorité, légale tout du moins –, la naïveté ne me paraît pas être une qualité si louable. Il s'agirait plutôt d'un inconvénient « majeur » car rien n'éloigne plus les femmes de leur autonomie que cette pseudo-candeur entretenue, justement, par la passivité et l'ignorance parfois délibérée de la réalité. Si la naïveté fut considérée longtemps comme une grande qualité féminine – au même titre que les vertus domestiques –, elle maintenait ou voulait maintenir la femme dans un état d'infantilisme avancé. Cette époque est révolue : les minauderies puériles – qui sont souvent un jeu – n'attendrissent personne, en tout cas pas un homme adulte et respectueux des femmes.

Les contes de fées – où les mères sont la plupart du temps absentes ou mortes, quand ce ne sont pas d'horribles femmes – ont contribué à « fabriquer », chez leurs lectrices crédules et assidues, des femmes passives : « Je ne fais pas grand-chose pour rencontrer des hommes : quand je sors, je ne suis pas franchement ouverte sur l'extérieur. Je suis plutôt passive et dans l'attente qu'un homme brave mes barrières pour me conquérir ! » (Anne-Sophie) ; « J'ai pris l'habitude de me reposer sur mes lauriers et de ne pas faire d'efforts. J'ai tendance à penser que c'est à l'homme de tout faire, de prendre des initiatives romantiques » (Émilie).

Les amoureuses de l'amour

Rêve, attente, passivité, naïveté : quatre attitudes qui condamnent les femmes à rester dans leur froide solitude qu'elles peuplent de héros imaginaires. Ne vivant pas l'amour, elles le rêvent et, ce faisant, deviennent de véritables amoureuses de l'amour avec un grand A : « J'ai adoré être aimée » (Emmanuelle). Devenues des spécialistes du scénario amoureux, elles mettent en scène de folles passions amoureuses où tout est parfaitement étudié pour que l'objectif soit atteint : vivre les rêves les plus merveilleux. Quand elles rencontrent un homme qui leur plaît, elles plaquent leurs scénarios – en l'adaptant au fur et à mesure des rencontres quand cela est nécessaire – sur ce potentiel prince d'un soir, et ne comprennent pas qu'il ne tienne pas bien son rôle. Plus leurs rêves sont puissants, moins elles sont capables d'aimer : elles n'aiment que l'amour qu'elles vivent comme un absolu libératoire. L'homme du moment n'a finalement rien à voir : il s'agit de la vie intérieure d'une femme qui ne laisse aucune place à la réalité. Ou alors il devrait jouer le rôle prévu et se déguiser en prince pour la circonstance afin de ne pas abîmer la belle image ? J'ai connu des femmes pour qui le fait d'être aimées comptait bien davantage qu'éprouver de l'amour.

Confondre l'amour, un sentiment, une émotion, avec un rêve d'amour – une création de l'imaginaire, fondée sur des aspirations illusoires – est fréquent chez ces femmes qui entretiennent un mode de vie dont elles se plaignent. « Si un homme me drague, je crois qu'il est amoureux de moi, donc j'en deviens amoureuse, mais je m'aperçois vite que lui ne l'est pas » (Nathalie). La relation ne paraît pas être au cœur de leurs préoccupations : ce n'est pas l'homme qui compte, c'est l'amour : « Je veux toujours qu'on m'aime, il n'y a que ça qui me fait exister » (Nathalie). Si l'acteur (qui n'en est pas un en réalité) oublie quelques répliques, déclame mal une tirade, modifie la mise en scène prévue, elles ne comprennent pas qu'il soit si mauvais et le dédaignent. Elles peuvent aussi lui laisser une deuxième chance, s'il leur plaît vraiment, et ne le lâchent plus, s'imaginant qu'en faisant un siège digne des plus grandes batailles, il finira par céder et faire ce qu'on attend de lui. S'il montre qu'il est capable de jouer avec talent et surtout intensité toutes les scènes imaginées, la relation pourra durer quelque temps jusqu'à ce qu'épuisé, le prince redevenu un homme soit lassé et s'éloigne de leur vie.

La toxicomanie amoureuse

Avec ce que l'on appelle les « intoxiquées de l'amour », nous rencontrons des femmes qui ne sont pas seulement amoureuses de l'amour, elles en sont intoxiquées : « Je vis très fort ou pas du tout, je suis très passionnée. » Ce qui signifie qu'elles ne se contentent pas d'en rêver, même très ardemment et avec toute l'intensité qu'elles peuvent y mettre : elles sont en manque, comme un toxicomane peut l'être quand il n'a pas la dose nécessaire de son produit : « C'est l'intensité, même négative, qui donne du piment à la vie » (Carole). Elles ont oublié – on ne leur a pas dit ? – que pour vivre l'amour, il faut être deux ! Elles sont donc dépendantes de l'amour et, comme dans toute toxicomanie, elles sont sans cesse en recherche de l'amour qui les comblera – un moment seulement, car nous savons bien que le phénomène d'accoutumance entraîne l'augmentation nécessaire des doses, sans oublier la peur d'être en manque : « Il faut qu'un amour soit inquiet et angoissé », sinon il n'en vaut pas la peine, d'autant plus que « l'amour est une merveilleuse prison » (Alexia).

Cette recherche quasi constante de l'amour – ou plutôt de ce qu'elles croient être de l'amour – conditionne un quotidien complètement déséquilibré, sans possibilité de concentration sur autre chose que cette insatiable et impossible quête : « Je m'étourdis avec beaucoup d'hommes : à chaque fois qu'un homme s'intéresse à moi, je crois que j'en suis amoureuse » (Cécile). Quand elles se sentent en manque, ces femmes n'hésitent pas à adopter des comportements qui peuvent les mettre dans des situations difficiles voire dommageables pour elles – avant le retour à l'invivable solitude. Les nouvelles techniques de communication comme Internet représentent des outils faciles à utiliser : ils jouent un rôle important dans ce type de problématique. Grâce à eux, la recherche de partenaires devient un jeu d'enfant et les candidats ne manquent pas. Internet devient alors une sorte de dealer pour ces femmes atteintes de toxicomanie amoureuse : « Depuis cinq ans, je vais avec le premier venu » (Chloé).

Cherchent-elles réellement l'amour ou sont-elles en quête d'un miroir qui, pendant quelques heures – ou plus si affinités – va refléter un portrait flatteur, une image agréable d'elles-mêmes ? Cette alimentation d'un narcissisme défaillant représente une nourriture nécessaire, vitale. Chaque regard masculin positif représente une « dose » qui, si elle n'est évidemment pas de l'amour, peut être considérée comme un ersatz suffisant pour se tenir debout. Si l'argument du Prince charmant est toujours utilisé, elles savent bien que ce comportement ne leur permettra pas de le croiser, même si l'espoir reste tapi au creux d'un cœur plus souvent blessé qu'épanoui.

L'intensité des vibrations renouvelées à chaque rencontre n'a pas de prix : aucune logique, aucun argument rationnel ne feront le poids devant cette force irrationnelle et obsessionnelle qui les pousse toujours vers de nouvelles aventures tellement plus merveilleuses les unes que les autres : « On s'est mis ensemble sur un coup de foudre et on s'est quittés sur un coup de tête, c'était merveilleux » (Amina). Chaque homme nouveau est peut-être celui qui les comblera pour un moment, qui les fera vivre à cent à l'heure, qui donnera un sens à leur existence. C'est bien ce qui explique qu'elles ne cherchent pas une relation à construire dans la durée – quoi qu'elles en disent. La magie réside dans l'espoir toujours entretenu, pas dans une réalité de vie de couple au quotidien : les belles flammes deviendraient vite de la braise qui se transformerait en cendres. D'autant plus que c'est la rencontre qui provoque l'étincelle. Si l'homme s'avisait de s'attacher, il serait vite éconduit – sans bien comprendre pourquoi puisque « elle paraissait tellement bien avec moi, si heureuse de m'avoir rencontré ». Mais ce pauvre amoureux abandonné n'était qu'un dealer : sitôt la dose avalée, la femme envolée ! Passé les enthousiasmes et les émotions puissantes des débuts, rien ne va plus. Ces dames sont déçues, « ce n'est plus comme avant, je n'y crois plus » : elles se sentent moins adulées, elles pensent aimer moins – mais elles n'aimaient pas, à part elles-mêmes dans un regard –, elles quittent donc la scène, le rideau est tombé sur cette histoire-là... jusqu'à la prochaine qui saura faire renaître toutes les sensations désirées.

Ainsi va cette dépendance qui peut mener jusqu'à des excès qui frôlent la pathologie comme certains films sur le harcèlement (moral, sexuel, au domicile, sur le lieu de travail...) peuvent nous la décrire. Mais sans aller jusque-là, nous savons bien qu'il existe des femmes – et des hommes, mais ce n'est pas notre sujet – qui vivent dans une véritable obsession de l'amour : elles peuvent alors dépasser certaines limites du « socialement » ou « relationnellement correct » et devenir terriblement intrusives dans la vie du dealer d'amour du moment, quitte à subir des vexations qui devraient leur faire cesser ce comportement immédiatement. Mais non, c'est plus fort qu'elles : il leur faut rester dans cet univers qui, seul, peut donner l'impression de vivre et de combler ce puits sans fond du vide de leur vie amoureuse.

L'amour pour remplir un vide

« Je veux rencontrer un homme pour être bien » (Anna) : le vide – la sensation de vide intérieur – est immense et l'amour seul peut y remédier. L'amour – ou ce qui en tient lieu – vient alors compenser une vie affective en jachère pour des raisons très individuelles : « J'entretiens le musée imaginaire de tous mes anciens amants en attendant le prochain : ça sert à peupler ma vie » (Cécile). C'est le rôle du prince : venir tout réparer, tout restaurer, faire en sorte d'en finir pour toujours avec « avant » quand il n'existait que dans les rêves et que la vie était si pénible. Alors vous prenez un vide, vous le remplissez avec un prince qui satisfait à toutes les attentes précédemment énoncées et, comme par miracle, le vide est comblé, il y a même parfois du trop-plein, mais ce n'est pas grave, il n'y en aura jamais assez pour compenser toutes les détresses, toutes les souffrances. Parce que la douleur est trop grande, et depuis trop longtemps : « J'en ai assez de toujours penser en "je", il faut passer au "nous" » (Anne-Sophie) ; « Je ne peux plus tout assumer toute seule, faire face à tout seule, c'est trop dur » (Arielle) : telles sont les plaintes et complaintes de celles qui « galèrent » en attendant leur beau prince.

Car il est non seulement prince, mais il possède un talent particulier : il est guérisseur. Peu de femmes le disent ou l'expriment en ces termes, mais elles le savent bien, qui sont prêtes à remettre leur corps, leur cœur et leur âme entre les mains bienfaisantes de ce magicien du corps, du cœur et de l'esprit. Cendrillon va enfin pouvoir quitter un travail de subalterne qui l'abrutit, le prince subviendra à ses besoins : telle Cendrillon, de nombreuses femmes attendent tout de cet homme, qu'il s'agisse de leur vie sociale ou psychique et de leur affectivité. Il devra, certaines femmes l'expriment clairement, se charger de compléter leur éducation : « J'ai besoin d'un homme qui me tienne tête parce que je ne me connais pas assez, qui transforme la petite fille en femme » (Élisabeth) ; « Il faudrait que mon compagnon me rentre un peu dedans, sinon je deviens peste ; il faut qu'il me mate un peu » (Isabelle) ; « Sans un compagnon, je risque de rester tournée vers moi et la notion de mouvement vital, d'adaptation et l'envie de devenir meilleure disparaissent » (Émilie).

S'ils ont bien intégré tous les principes de la domination masculine et du machisme, les hommes seront sûrement ravis d'avoir à s'occuper de ces pauvres femmes impuissantes, et ils prendront le contrôle de leur vie. Mais cela leur convient-il, à ces femmes qui vivaient libres, sans contraintes, sans comptes à rendre ? Le veulent-elles vraiment ou est-ce seulement la faute « au désespoir, à la dureté de vivre seule » ? C'est surtout dû à cette certitude de ne pas pouvoir exister seules – enfin plus maintenant : « Ça n'a que trop duré, je veux un homme qui ne regarde que moi, dont je sois le seul centre d'attention, pour qui je sois tout, qui saura me donner l'impression que je vaux quelque chose, que j'existe vraiment, que je ne survole pas ma vie » (Zoé).

Un intense besoin de fusion

Seuls les bébés accaparent ainsi toute – ou presque toute – l'attention de leur mère, au moins dans les premiers mois. Ils ont d'ailleurs besoin de cette attention et de ces soins, de tout cet amour pour exister – pour vivre, concrètement, et se développer harmonieusement. « Nous ne faisons qu'un » : c'est ce type de fusion que certaines femmes recherchent, désespérément, sans laquelle elles croient réellement ne pas posséder d'identité. Elles en sont restées à un stade très archaïque : le besoin de ne faire qu'un avec l'être aimé, comme le nourrisson avec sa mère.

Pour des raisons inscrites dans leur histoire, la fusion avec un homme semble pour certaines femmes l'unique moyen de se sentir exister : ainsi renoncent-elles à leur autonomie et à la responsabilité de leur vie. Comme des bébés, elles confient le soin de leur bien-être à leur compagnon de route qui doit ainsi prendre en charge deux personnes : lui-même et sa douce moitié. Philippe Brenot parle d'« immaturité fusionnelle[4] », insistant sur le fait que ces femmes ayant pourtant atteint l'âge adulte – depuis parfois longtemps – n'ont pas grandi, affectivement pour le moins, comme la petite Ninette de la chanson dont le sommeil a prolongé l'enfance...

« Il est un autre moi-même » : en instaurant un couple fusionnel – ou même en l'espérant –, il est possible d'oublier que son partenaire est différent et la séparation devient alors impossible. Chaque morceau du puzzle trouve ainsi sa place : en ce qui concerne la peur de l'altérité, qu'est-ce qui, mieux que la fusion, peut la prévenir et

4. P. Brenot, *op. cit.*, p. 119.

Le désir enfantin de toute-puissance

Ne faisant qu'un avec sa mère, l'enfant connaît avec délices un véritable sentiment de toute-puissance : il obtient ce qu'il veut sans n'avoir rien à désirer. Comment ne pas vouloir revenir à ce pur état de grâce jadis vécu ? Comment ne pas avoir la nostalgie de ces moments enchanteurs où tous les désirs étaient satisfaits ? Comment, devenus adultes, ne pas les rechercher avec l'être aimé : ils sont gravés à jamais au plus profond de nous. En outre, la mémoire humaine est sélective : elle semble oublier toutes les déceptions qui ont suivi cette période bénie quand, petit à petit, une mère a opposé des résistances aux désirs de son enfant. Il n'empêche : c'est à cet état d'amour maternel absolu et inconditionnel justifiant la certitude d'omnipotence que tous aspirent.

Malheureusement, plus jamais aucun être humain ne le revivra : c'est ce qui s'appelle grandir... Nous trouvons les marques de cet immense regret surtout chez les adultes dont le sentiment d'incompréhension devant les interdits et les échecs qui s'offrent à eux est une constante majeure : il semble qu'ils soient restés fixés à cette certitude enfantine – infantile – de toute-puissance et qu'ils refusent inconsciemment de s'en détacher. Tout comme les personnes qui voient toujours le verre à moitié vide : leur pessimisme correspond à leur refus d'abandonner leurs désirs archaïques d'enfants. Ils sont particulièrement susceptibles et n'admettent aucune remarque, aucune expression de désaccord avec eux. Leur regret de ne pas prolonger cet état antérieur de « maître du monde », de leur monde, est immense et installe en eux un rôle de victime : ils ne sont plus les préférés à qui l'on accorde tout. Ils se sentent rejetés, méconnus car ils ne sont plus aimés inconditionnellement.

Il leur faudra accepter de se détacher – psychologiquement – de cette mère qui se consacrait entièrement à eux et à leurs désirs. Ce n'est qu'à cette condition que la volonté de toute-puissance pourra s'effacer au profit du principe de réalité.

l'empêcher à tout jamais ? L'équation fusionnelle ressemble alors à ceci : « Si je ne fais qu'un avec l'autre, si lui et moi ne faisons qu'un, jamais nous ne pourrons être séparés. » Non seulement cette formule n'est pas juste, mais elle se paye au prix du renoncement à sa propre identité. Car ils ne feront jamais un, puisqu'ils réunissent deux personnes différentes l'une de l'autre, physiologiquement évidemment, mais pas uniquement : chacune avec sa vie, son passé, ses liens et sa personnalité propre – même si ces deux personnes partagent des points communs. Si la fusion veut gommer les différences pour empêcher la séparation, elle interdit aussi toute forme de pensée autonome sous peine de désaccord possible. Ne pas être d'accord – sans même évoquer l'idée d'un conflit – est impossible : « Puisque nous sommes les mêmes, nous pensons nécessairement toujours la même chose, nous partageons les mêmes goûts et les mêmes aspirations. Donc nous ne pouvons jamais être en opposition ou en conflit, c'est impensable. » Car la fusion porte avec elle, parallèlement au déni, au refus de la différence, la terreur du moindre désaccord qui pourrait provoquer une faille dans cette unité si parfaite.

Cette peur du différent, cette quête infantile de la fusion totale, beaucoup d'hommes – ceux, bien sûr, qui ne la recherchent pas – en ont très peur. Plus les femmes émettent des signes de besoin de fusion, plus ils risquent de s'éloigner. Et bon nombre d'entre elles répéteront à loisir cette vieille antienne : « Évidemment, comme les autres, il a peur de s'engager ». De s'engager, peut-être pas, d'étouffer sûrement.

Ce désir de fusion se manifeste très tôt après une rencontre : « J'aime tant que tu m'appelles plusieurs fois par jour ! », « Dis-moi ce que tu fais ce soir, j'aurai l'impression d'être un peu avec toi », « Je ne comprends pas pourquoi tu préfères regarder un match à la télé avec tes amis/ déjeuner chez ta mère/ aller en week-end chez des amis alors qu'on aurait pu passer tous ces moments ensemble tous les deux seulement ». Sans oublier, pour certaines, un harcèlement téléphonique ou avec des SMS. Très vite, la femme fusionnelle se sent frustrée puis rejetée de l'univers de son partenaire qui, se lassant de ces continuelles sollicitations, va peut-être faire « machine arrière ». Elle n'est donc pas « tout » pour lui – ce qu'elle était pour sa mère. Se sentant délaissée, c'est-à-dire n'étant pas le centre de l'univers de cet homme, elle le rejette en mettant la faute sur lui, « oubliant » de réfléchir à ses attentes un peu trop élevées.

Il est cependant intéressant d'entendre les femmes vivant seules condamner largement toute forme d'amour fusionnel : elles semblent ignorer que c'est ce qu'elles recherchent, pour la plupart, et qu'elles confondent ce qu'elles appellent des marques d'amour avec des comportements fusionnels ou exprimant un désir de fusion. Car cette unité qui voudrait que l'un soit l'autre et réciproquement, elles la refusent catégoriquement. Leurs idées sur les hommes sont le plus souvent bien trop négatives pour vouloir ne faire qu'un avec eux – même avec un seul ! Mais leur attitude dit tout autre chose : et c'est l'intention, la motivation profonde et souvent inconsciente qui donne le sens des actes.

3. Du rêve à la réalité

Les continuels rêves de princes ou d'amour font vivre beaucoup de femmes sur de petits nuages d'où elles semblent avoir un certain mal à redescendre. Car que trouveraient-elles, sinon une confrontation plus que décevante avec la dure réalité des princes qui n'existent que dans les rêves et de l'amour qui n'apporte pas que des joies ineffables : « Le sentiment amoureux me fait peur, après ma dernière rupture, j'ai eu l'impression qu'on m'avait ôté un poumon » (Emma).

Le prince déchu

Quand elles ne parlent pas du prince, ce que les femmes pensent des hommes n'est pas très encourageant, et je doute que ces croyances, ces certitudes qu'elles tiennent pour vraies, puissent les aider à se rapprocher d'eux. Il n'y a vraiment que le Prince charmant qui échappe à ce tir nourri de critiques en tous genres.

« Les hommes sont dangereux, ce sont tous des salauds ; ils vous laissent tous tomber, de toute façon ; ils n'ont pas de vie intérieure, ce sont tous des charges pour les femmes ; les hommes sont des gamins, on ne peut pas compter sur eux ; en plus, ils sont nuisibles ; ils sont despotes, égoïstes, lunatiques, machos, violents. Ce sont tous des salopards ; les hommes ont besoin des femmes pour les rassurer, ils ont beaucoup besoin qu'on s'occupe d'eux ; ils sont fragiles, ils ont besoin d'être valorisés ; ils sont égocentriques ; ils doivent se montrer forts et ne le sont pas ; l'homme n'est jamais préparé à souffrir, à l'inverse de la femme ; un homme gentil est mou, c'est un "chien-chien" ; un homme ne peut pas, même s'il l'aime, faire du bien à une femme ; les hommes n'ont aucun scrupule, sont pleins de malveillance, jaloux, injustes, tricheurs, sournois, harceleurs, "sourds" ; ce sont tous des lâches qui n'assurent et n'assument pas, des incapables qui ne valent rien ; on ne peut pas compter sur eux ; ils sont si versatiles, si changeants, aucun ne peut rien comprendre aux femmes ; ils sont hypocondriaques, maniaques, narcissiques ; les hommes amoureux sont "cucu, gnangnan" ; les hommes ne savent que prendre, ils ne savent pas donner. » Enfin, « quand un homme vous regarde avec intérêt, il n'éprouve en réalité que du mépris pour vous et ne cherche qu'à coucher avec vous ».

L'être humain n'est pas à une contradiction près, heureusement. Car comment concilier ces portraits si durs et négatifs des hommes avec un tel désir d'en rencontrer un, d'être aimée par un tel monstre et d'avoir envie d'aimer, de partager sa vie avec une personne si peu aimable ? L'hypothèse cependant se confirme : seul le Prince charmant imaginaire, qui n'existe pas et n'existera jamais, peut avoir grâce aux yeux fermés de trop nombreuses femmes : « Les hommes normaux ne m'attirent pas » (Emma) ; « J'évite les hommes trop gentils, trop mous, qui s'attachent à moi comme de pauvres toutous. Je préfère un homme bien dans sa peau et indépendant » (Émilie). Comme si un homme gentil était nécessairement mal dans sa peau… Même si certains hommes possèdent quelques dons pour se déguiser en prince, ils sont vite dévoilés et toisés avec rage et mépris.

Il me semble utile de rappeler ici que tous les êtres humains possèdent un fonctionnement en commun : lorsqu'ils ont des certitudes, quelles qu'elles soient, ils n'ont de cesse de se prouver qu'elles sont justes, ceci dans le but inconscient de sauvegarder leur cohérence interne[5]. Si donc telle femme croit qu'à l'évidence les hommes sont infidèles, elle ne rencontrera – par non-hasard – que des hommes infidèles. Si telle autre est intimement persuadée que les hommes sont capables de cruauté mentale, elle en croisera sur son chemin. L'une et l'autre resteront attachées à leur croyance et ne la remettront pas en question.

Une justification du célibat, qui n'est pourtant pas nécessaire, mais vient en alléger la gêne, est la suivante : c'est bien parce qu'« on ne peut pas se fier aux hommes » que l'on préfère rester célibataire : « je n'y suis pour rien, moi, ce sont eux les responsables, les coupables, ils n'ont qu'à être autrement ». Évidemment, toute femme ne peut pas être la Belle (celle de la Bête, dans le conte) et transformer radicalement un monstre en prince de ses rêves : même l'amour le plus fabuleux s'y est cassé les dents, brûlé les ailes, bref, n'y a pas réussi. Et pour que quelqu'un change, encore faut-il qu'il en ait envie ! Et pourquoi auraient-ils envie de changer, ces hommes ?

Certes, il existe des individus menteurs, infidèles, lâches, etc., mais est-ce réellement l'apanage de ces messieurs ? Les êtres humains brillent par leur variété et chaque individu possède en lui des ressources et des limites. Mais les unes comme les autres ne sont pas réparties en fonction du sexe des gens. Il ne me semble pas qu'il s'agisse d'une spécialité masculine que d'être mauvais : les femmes peuvent aussi se montrer capables de mentir, de tromper l'homme avec qui elles vivent ; elles savent être lâches, infidèles, etc. Certaines affirment que c'est seulement quand les hommes les ont fait beaucoup souffrir

---

5. Voir S. Tenenbaum, *Nos Paysages intérieurs. Ces idées qui nous façonnent*, Dunod-InterÉditions, 2000.

qu'elles peuvent devenir méchantes : que c'est donc de leur faute à eux, parce que sinon, elles n'ont rien fait de mal – elles ne sont que des victimes innocentes qui veulent se défendre, ce n'est que justice. Et elles le savent mieux que quiconque : elles tentent simplement – mais ce n'est pas si simple – de ne pas voir la réalité en mettant toute la « faute », toute la responsabilité de leur situation sur les autres – ces messieurs, en l'occurrence. Finalement, elles ne sont pas toujours sûres de ce qu'elles veulent.

L'amour qui fait peur

Peut-être l'aurez-vous remarqué, sur vous-même ou des amies proches, l'ambivalence entre l'attirance et le rejet des hommes, la colère qu'ils provoquent sans toujours le savoir, les arguments pas toujours de très bonne foi, ne sont la plupart du temps que l'expression des peurs qui hantent ces femmes qui voudraient tant rencontrer le grand amour au détour de leur chemin. Tous ces comportements que nous venons de décrire en sont les émanations, directes ou indirectes. « Je crois que j'ai rencontré quelqu'un de bien et que je meurs de peur », « Je fais toujours tout pour que ça casse avec les hommes qui me plaisent » : voici des phrases types entendues régulièrement. Car l'amour fait peur, pour de multiples raisons. Peur de disparaître dans une relation trop fusionnelle – tout en la désirant –, peur de perdre tous les choix qui se seraient offerts en restant dans le célibat, peur d'avoir choisi trop vite, d'être mal tombée, de s'être trompée. Peur essentiellement de la fragilité et de la vulnérabilité qu'apporte l'amour qui fait tomber les défenses, les protections et les carapaces ; peur panique surtout de perdre ce nouvel amour, de décevoir, d'être déçue après « l'attaque de panique qui bouleverse[6] » : la personne qui tombe en amour est soumise à une peur alimentée par la première rupture déjà évoquée, la rupture de la fusion maternelle.

6. J. Cournut, *op. cit.*, p. 164.

Peur de la rupture

De toutes les peurs liées à l'amour, celle de la séparation semble la plus forte. Il n'existe aucune assurance contre ce risque majeur qui se transforme pour certaines en véritable terreur. Ce qui peut se comprendre aisément, toutes ces femmes ou presque ayant déjà vécu au moins une rupture difficile. Car la séparation est une épreuve destructrice : « Le lien étant quelque chose de fondamental à mes yeux, on peut donc concevoir que si la rupture est synonyme d'un lien qui se déchire, cela ne peut être que tragique. Avec le temps, j'ai appris à partir, mais je m'arrange pour que le lien existe toujours sous une autre forme » (Mathilde) ; « Je me sens extrêmement frustrée, perplexe, perdue et je n'ai presque plus le courage d'aller affronter de nouveau le monde des relations si c'est à chaque fois pareil. La rupture avec Éric a été la plus dure, je n'ai jamais autant aimé depuis. Je me sentais inutile, vide, c'était horrible. Je pense encore qu'il est l'homme de ma vie et qu'aucun autre ne sera à sa hauteur » (Emma) ; « Ma troisième rupture m'a laissée K.-O. pendant cinq ans au cours desquels j'ai "perdu mon âme" dans le boulot et me suis totalement coupée de mes émotions amoureuses et des hommes plus généralement. J'ai pris quinze kilos. Avec le recul, je me rends compte que j'ai subi plus de dégâts que je ne l'aurais imaginé. Je pense que les trois blessures m'ont fait beaucoup de mal tant sur l'image que je pouvais avoir de moi, que sur la confiance en moi et sur la représentation des hommes. Il me reste encore du chemin à parcourir pour retrouver, sur ce plan, une bonne estime de moi, une confiance en moi et surtout en l'autre » (Arielle). Tout est dit.

La séparation – certaines parleront d'abandon – est ce qui paraît être le plus ravageur, au point d'accepter de subir parfois des comportements que d'autres ne supporteraient pas, plutôt que d'envisager de quitter le partenaire. Cette attitude de soumission naît souvent au cours de l'enfance ou de l'adolescence, lorsque la petite fille ou la jeune fille est victime d'une forme plus ou moins grande de maltraitance de la part d'un de ses parents : l'on sait que toute personne maltraitée « recherche » inconsciemment des situations qui lui feront revivre cette situation. Les exemples de ces femmes qui, très inconsciemment bien sûr, sont attirées par des hommes qui les feront souffrir comme elles ont pu avoir mal dans leur enfance ou leur adolescence ne manquent pas. La souffrance leur est un terrain familier. Je me souviens de cette femme qui, enfant, demandait à son frère de lui donner de violents coups de pied sous la table pendant les repas, afin de s'entraîner à souffrir sans rien dire – pour ne pas réagir aux coups de son père qui la frappait régulièrement. Plus tard, elle se maria deux fois : ses deux maris, chacun à sa façon, l'ont maltraitée : le premier l'a humiliée, le second l'a battue.

Ces peurs expliquent qu'après une rupture, les femmes ne se précipitent pas dans une autre relation. Car la dépression – le désamour de soi, la colère contre l'autre et que l'on retourne contre soi – est très fréquente après une séparation. Un sentiment de détresse intense, de vide abyssal dans sa vie, une souffrance vive et incessante tourmentent pendant de longs mois, voire pendant des années, que la rupture ait été de leur fait ou qu'elles aient été quittées. « Il a emporté une partie de moi, celle qui contenait tout mon avenir, tous mes espoirs. Aujourd'hui, je suis sur le bas-côté de la route, inutile et détruite. Je n'attends plus rien, tous mes rêves, mes projets se sont évanouis. Il ne me reste plus que moi-même et je me déteste puisque je n'ai pas pu être aimée comme je le voulais » (Julie).

Si l'amour-propre se trouve très atteint par une rupture, ce n'est pas lui qui souffre le plus. Car l'angoisse de la perte d'amour remonte à la petite enfance : la première « rupture » est celle qui a été provoquée par sa propre mère et chaque séparation, dans l'âge adulte, va réactiver cette peine qui peut devenir insurmontable. L'immense nostalgie se réveille : l'espoir né d'un nouvel amour provoque dans le même temps la crainte d'être à nouveau trahie et il en sera ainsi éternellement.

Une des blessures les plus douloureuses, celle qui rend toute rupture si difficile, est celle du narcissisme : l'autre renvoie de soi une image tellement agréable, tellement flatteuse que l'on se réconcilie immédiatement avec soi-même. Les quelques citations proposées plus haut le disent bien : c'est un peu comme si l'on ne pouvait s'aimer qu'à travers le regard aimant ou positif de l'autre. C'est par le regard de la personne qui l'aime que tout être humain peut connaître – parfois découvrir – des aspects de lui, des facettes de sa personnalité qu'il méconnaît ou même ignore, et qui sont tellement plaisants à rencontrer : « Il faut plaire pour exister » (Michèle). D'autant plus que cet autre privilégié semble apprécier cette nouvelle compagnie et paraît même prendre du plaisir à côtoyer cette personne nouvellement rencontrée. Ce qui est ressenti alors ressemble beaucoup à ce paradis perdu qui, pensions-nous, avait disparu pour toujours, car « tout amour, qu'on soit homme ou femme, se rejoue en effet sur la base du premier amour porté à la mère », explique Aldo Naouri qui ajoute qu'« on espère, chaque fois, en retrouver la totalité ou l'accent[7] ».

C'est bien pourquoi toute nouvelle rencontre significative transforme radicalement une personne : elle devient sûre d'elle, le monde semble lui appartenir. Mais quand tombe le froid couperet de la séparation, le nuage se vide et la chute est vertigineuse. La vie sombre dans un gouffre où les émotions les plus pénibles à vivre s'intensifient et se densifient au point qu'elles obsèdent nuit et jour... jusqu'à ce que le temps les adoucisse. Mais les cicatrices demeurent, parfois ravivées par un lieu, une odeur, une voix, un air de musique... Il faut beaucoup de temps pour se remettre d'un tel typhon émotionnel et affectif car la blessure est encore plus profonde qu'on ne l'imagine : « J'ai de plus en plus de mal à faire confiance, j'essaie de me protéger, de ne plus être blessée et j'ai très peur des hommes qui pourraient me plaire » (Sandra).

7. A. Naouri, *Les filles et leurs mères*, Odile Jacob, 2000, p. 127.

La peur de ne pas être à la hauteur

D'autres peurs viennent inhiber un grand nombre de femmes, ce qui ne les aide pas : « Je joue un personnage pour qu'on m'aime parce que, sinon, on ne peut pas m'aimer, je suis trop encombrante » (Cécile). Comment se montrer telle que l'on est devant l'autre, en toute spontanéité, comment répondre de façon naturelle à des sollicitations si l'on ne s'aime pas soi-même suffisamment ? « C'est normal que j'ai été maltraitée par les hommes » (Élisabeth) ; « Je ne suis pas assez bien » (Brigitte) ; « On ne peut pas m'aimer si on découvre qui je suis au fond de moi » (Estelle). Si l'on devait mesurer ce que l'on vaut à l'aune de ses échecs amoureux, la terre risquerait bien de se couvrir de pauvres êtres en total désamour d'eux-mêmes...

Malheureusement, le degré d'exigence vis-à-vis de soi est la plupart du temps élevé à des niveaux inatteignables – et donc jamais atteints : « Pour être aimée, il faut être irréprochable » (Gaëlle). Tout se passe comme si une femme irréprochable devait rencontrer un homme parfait : telle est la définition de la vie amoureuse impossible. Cette peur du jugement négatif de l'autre – qui n'est qu'une projection de l'image négative de soi-même – entraîne trop souvent ces femmes à jouer un rôle, à n'être pas elles-mêmes, à se montrer donc différentes de ce qu'elles sont. Comportement qui ne peut mener qu'à l'échec car, tôt ou tard, le masque tombe. Et puis voudraient-elles réellement être aimées pour leurs talents de comédiennes ? Est-ce que cela serait suffisant pour qu'elles croient en cette rencontre, qu'elles aient confiance en cet homme, en ses sentiments ? Non, et elles le savent bien. Pourtant, beaucoup reconnaissent qu'elles « entrent en scène » à chaque rencontre qui leur semble importante. « Il le faut bien : je suis tellement nulle qu'il pourrait s'en apercevoir. Alors je joue la comédie » (Alicia) ; « Quand je rencontre quelqu'un, je me montre séductrice, gentille, souriante ou hautaine, tout dépend » (Émilie) ; « Je parle de n'importe quoi pour ne pas donner l'impression d'être désespérée, je souris » (Alexandra) ; « J'essaie de le faire rire, je me montre frivole, légère, superficielle pour cacher que j'ai peur » (Fanny) ; « J'ai beaucoup de mal à avoir une attitude naturelle, j'ai peur de passer pour une fille facile » (Louise) ; « Je ne montre surtout pas à un homme qu'il m'intéresse » (Juliette).

L'idée sous-jacente est qu'un homme ne peut pas s'intéresser à elles si elles sont naturelles, spontanées. À cette occasion, je voudrais juste faire remarquer qu'elles reprochent bien souvent aux hommes de jouer la comédie avec elles... Leurs peurs sont proportionnelles à leur degré d'exigence envers elles-mêmes – proportionnel lui aussi à leur degré d'exigence vis-à-vis d'un homme. Ce qui n'est pas très encourageant, reconnaissons-le. L'équation « Je ne vaux rien et ils ne valent rien » ne favorise guère les rencontres épanouissantes.

4. Lutter contre les peurs

Pour lutter contre ces peurs, pour se protéger de la souffrance, certaines femmes ont choisi des attitudes d'« attaque » – chacun sait que l'attaque est la meilleure défense – qui, pensent-elles, vont les mettre à l'abri de ce qu'elles semblent tellement redouter, rencontrer un homme pour vivre une belle histoire d'amour.

La femme forte

À l'inverse des femmes qui se cantonnent dans les rôles traditionnels, d'autres se comportent comme si le monde leur appartenait, sans paraître un instant douter de leur valeur, si l'on se fie à ce que l'on observe. Pourtant, Béatrice confie qu'elle était « heureuse aux yeux des autres » et qu'elle a créé son cabinet de communication « pour éviter la dépression ». C'est ce que certains psychologues appellent « le rôle de l'amazone », cette guerrière mythologique qui se coupait un sein pour mieux ajuster son arc ! Rassurez-vous, il ne s'agit aujourd'hui que d'une image : celle d'une femme dont on dit qu'elle a du caractère, parfois même « un sacré caractère » pour ne pas dire autre chose. Elles partent en guerre dans leur travail et montent au front constamment quand elles abordent les hommes. « Je suis devenue hyperactive pour combler le vide affectif » (Isabelle). Sûres d'elles, volontaires, autoritaires, phalliques, parfaitement organisées, énergiques et réfléchissant vite, elles mènent leur monde comme elles l'entendent, contrôlantes, décidées. Certains de ces aspects ne sont pas dénués de qualités, mais c'est leur excès qui va nuire à ces femmes qui se sentent toujours obligées d'avoir l'air fort : « Il faut être forte sinon on est abandonnée » (Gaëlle). Elles ont cru un jour – même si elles ne l'ont pas verbalisé consciemment – qu'en se comportant comme des hommes, elles seraient respectées alors qu'elles ne se respectent pas en tant que femmes. Elles ont sans doute eu raison, en partie, car dans leur milieu professionnel, elles ont su faire reconnaître leurs compétences – au prix souvent de leur féminité. Mais en partie seulement : se prenant à leur propre jeu, elles ont enfoui en elles d'infinies ressources de sensibilité, de créativité, de vie émotionnelle riche.

Car, pour être une amazone, il convient de laisser ses émotions et ses sentiments dans un blockhaus bétonné, verrouillé de tous les côtés : c'est la seule façon de tenir, même dans l'intimité partagée qui pourrait la dévoiler. « Se laisser aller dans l'intimité avec un homme m'est absolument impossible, j'aurais l'impression de me perdre et j'ai trop peur de devenir dépendante de mes sensations, de devenir sa "chose" » (Anne). La moindre faille pourrait permettre à une émotion de passer, venant déranger et même bousculer cet équilibre si difficile à maintenir : « J'ai l'impression de vivre dans une carapace, mais elle commence à se fêler » (Rachel).

Nous sommes dans une culture où l'émotion constitue encore une marque de faiblesse : « La rage de réussir masquait ma tristesse : j'ai l'impression d'une comédie permanente car je vais officiellement toujours bien » (Hélène). Or, rien n'est plus intime, plus personnel – et surtout plus vrai, authentique – qu'une émotion qui met en œuvre toutes les composantes internes d'une personne. Les modifications physiologiques qu'elle engendre n'échappent que rarement aux interlocuteurs, du moins dans l'inconscient : pas étonnant que les femmes aient si peur d'être « trahies » – c'est leur expression – par leur vie émotionnelle. Beaucoup se plaignent d'en être submergées et de ne pouvoir la maîtriser : « C'est difficile, mais je dois toujours me contrôler, ne pas montrer mes sentiments et mes émotions, à la fois pour me sentir en sécurité et pour contrôler l'autre. Car aimer est un signe de faiblesse et de vulnérabilité » (Danièle). Pour éviter ces inconvénients qui sont pourtant la preuve qu'elles appartiennent bien à la condition humaine, les femmes se blindent, se construisent une armure d'insensibilité apparente qui les isole à la fois de leur vie intérieure profonde et des hommes que cette vie intérieure pourrait éventuellement intéresser.

En outre, elles veulent être comprises et ne se dévoilent pas : encore une quadrature du cercle à résoudre pour ces messieurs que leurs sœurs malmènent parfois un tantinet. Surtout qu'il semble que plus elles sont intéressées par un prince éventuel et plus elles cachent ce qu'elles ressentent : « Montrer son affection est un manque d'intelligence » (Cécile). Ils ne doivent rien percevoir. Aussi risquent-ils de se lasser rapidement.

Les femmes machistes

Ces femmes ont complètement intégré l'idéologie machiste qui veut que l'on ne peut se faire respecter que par la force et parfois la violence – verbale. Elles pensent que les femmes féminines sont des femmes-enfants nunuches et frôlant la stupidité, des êtres inférieurs – s'alignant ainsi sur les hommes machos : « Pour une femme, montrer son désir est dégradant. J'ai toujours admiré Jo March (une des *Quatre Filles du Docteur March*). Elle n'a pas les défauts de la féminité : calcul, hystérie, minauderie » (Alexandra). Elles font partie des plus redoutables ennemies des femmes. « Ce sont de véritables tueuses », disent leurs collègues qui préfèrent bien souvent travailler sous les ordres des hommes plutôt qu'être commandées par ces tyrans en jupe droite.

Mais elles sont aussi leurs principales adversaires car, finalement, elles ne se respectent pas, contrairement à ce qu'elles croient. Si leur vie sociale est souvent une véritable réussite, leur désert affectif n'est dû qu'à elles-mêmes qui font fuir tous les hommes ou bloquent en eux toute velléité de les approcher. Ce féminisme mal compris les isole dans un cruel manque de tendresse. Et, sans le savoir puisqu'elles se coupent de ce qu'elles ressentent, elles en souffrent profondément. En apparence fortes et invulnérables, elles arborent trop souvent une froideur qui ne peut que glacer les hommes qui les côtoient. Forteresses inaccessibles, elles découragent les princes éventuels par leur « hautaineté » qui souffle le blizzard : « Mais alors, ce ne sont pas des princes puisque je les impressionne ; ils sont lâches et faibles, c'est tout, et il vaut mieux le savoir tout de suite plutôt que de le découvrir plus tard » (Clémence).

Beaucoup de femmes ont confondu l'autonomie féminine avec la « masculinisation » – qui n'a vraiment rien à voir avec la libération. C'est même tout le contraire. Une femme libérée n'est pas un homme mais une femme qui respecte avant tout le féminin qui est en elle et qui cherche à le faire respecter. Je pense à Françoise, fille d'une mère très féministe – d'un féminisme radical et donc sexiste, à la fois vis-à-vis des hommes mais aussi des femmes – qui ne veut même pas s'imaginer avoir une attitude spontanément tendre avec un homme : « J'aurais honte, dit-elle, de montrer que je suis capable de me laisser aller à ces bêtises ; ce n'est que de la sensiblerie féminine, c'est ridicule. » Car une femme forte doit savoir se maîtriser, ne jamais s'abandonner – même pour le plaisir, même quand elle est seule avec elle-même.

La guerrière

La guerrière est une « super-amazone », qui prend les armes dès qu'elle entre en relation avec un homme, dans sa vie professionnelle ou privée : « Je me venge d'un homme avec le suivant » (Coralie). Tout ou presque dans la gent masculine est sujet à critique. Je discutais il y a quelque temps avec l'une d'elles : nous parlions du difficile et douloureux sujet du viol des enfants et des adolescents et j'évoquais le viol des garçons, quel que soit leur âge – j'en rencontre un bon nombre en thérapie. J'ai rapidement clos notre conversation car elle n'avait de compassion que pour les fillettes ou les adolescentes ayant subi ce traumatisme. Quand il s'est agi des garçons ou adolescents violés, elle a eu cette remarque stupéfiante : « Oh, les pauvres biquets ! » Tout le mal vient donc des hommes et eux ne souffrent pas : tel semble être l'argument de la guerrière. Pourtant, comme le remarque Élisabeth Badinter, l'abus de pouvoir n'est pas « d'essence masculine[8] » : des femmes qui torturent existent et ont existé – les kapos des camps de concentration pendant la Seconde Guerre mondiale, par exemple –, des femmes qui tiennent des personnes en dépendance en les manipulant ou en les terrorisant existent et ont existé – les tribunaux de justice n'en manquent pas. L'Allemagne vient de fonder sa première association pour les hommes battus ! Bref des femmes par qui vient le mal existent et ont existé. Et pas seulement des femmes qui seraient des malades mentales. Que penser de l'abus de pouvoir infligé aux hommes par celles qui « leur font » un enfant sans leur demander leur avis ?

Mais revenons à notre guerrière qui va constamment tenir en joue les hommes, comme des ennemis qui pourraient bien attenter à sa vie privée, et des rivaux dans sa vie professionnelle. Cette femme, remplie de colère contre les hommes – parfois de rage –, va donc partir en guerre avec des actes mais aussi des mots, et elle sait très bien s'y prendre pour manier le mépris, l'ironie sarcastique et blessante, désagrégeant son ex-partenaire potentiel en quelques mimiques et quelques phrases. Mais elle sait très bien également avec qui elle peut se permettre de telles passes d'armes. Elle choisit sa cible avec pertinence : elle est sûre de gagner. Nous verrons plus loin que cette agressivité n'est pas née de l'air du temps et qu'elle lui sert tout simplement d'armure contre la souffrance. Faire souffrir pour ne pas souffrir soi-même.

---

8. É. Badinter, *Fausse route*, *op. cit.*, p. 111.

Il est pourtant fatigant d'être tout le temps forte, de se battre sur plusieurs fronts à la fois et de ne même pas pouvoir se plaindre et se faire plaindre de temps à autre – le temps de se ressourcer un peu. Non, car il n'est pas question de cesser les hostilités : le risque de la dépendance serait trop fort. Bon nombre de femmes sont habituées depuis longtemps à jouer ces jeux – et donc elles ne savent même plus qu'elles le jouent. Si vous leur en parlez, elles nieront farouchement. Car elles sont à leurs yeux des femmes accomplies qui savent tout gérer : une carrière brillante qui les a haussées au-dessus des hommes dans bien des cas, avec un salaire important – parfois supérieur à celui des hommes –, une vie amicale bien remplie : les amies ne manquent pas pour sortir, partir en week-end, en vacances, des amants facilement rencontrés, des loisirs choisis. Que voulez-vous de mieux ? « Sortir du désert », reconnaissent certaines qui prennent enfin la mesure de leur vide affectif et la peine de se poser des questions, à qui les médecins ou kinésithérapeutes conseillent de s'écouter un tant soit peu pour avoir moins mal dans le dos, être moins stressées, en meilleure santé. En effet, un symptôme récurrent n'est jamais anodin : il parle de façon évidente – c'est une expression du corps – de la vie psychique et affective qui ne demande qu'à être écoutée, comprise.

La séductrice

Les amazones, les femmes machistes et les guerrières font évidemment fuir les hommes – quand ils ne deviennent pas agressifs –, mais on ne peut leur reprocher d'être hypocrites. Il n'en va pas toujours ainsi avec les grandes séductrices. D'autant plus que ces dernières – dont certaines ont poussé cet art jusqu'à un degré tout à fait impressionnant – ne désirent qu'une chose : attraper les hommes dans leur filet, à l'instar des Dom Juan que seule la période de séduction intéresse. Comme les femmes, les hommes n'ont pas envie de se faire manipuler, mais ils ne peuvent pas toujours résister à tant de promesses de bonheur, à ce qui fait tant de bien à leur ego. Pourquoi se refuseraient-ils ? Dans le cas où, évidemment, ils n'ont pas affaire à une « allumeuse » qui les laissera sur leur faim...

« Allumeuses » ou séductrices, ces femmes considèrent les hommes comme des objets et voudraient n'en faire qu'à leur tête : ils ne sont là que pour les flatter, les servir, obéir à leurs caprices. Elles prennent tout en main : les chevaliers servants, désormais inutiles, sont restés dans leurs oubliettes. Les femmes s'occupent de tout, elles font tout le chemin vers le partenaire – d'un soir ou plus –, ne lui concédant aucune parcelle de territoire où il pourrait aller à leur rencontre. La distribution des rôles a subi une inversion radicale. S'ils ne se laissent pas manipuler, ils ne sont plus intéressants. Ou alors elles transforment ce refus en défi : « Je t'aurai ! » semble être alors leur mot d'ordre. Peut-être, mais qu'auront-elles en fin de compte, à part la certitude qu'elles sont extrêmement douées pour convaincre un homme qu'il a absolument intérêt à se laisser séduire ? Qu'auront-elles gagné à part une preuve fugace et éphémère qu'elles peuvent obtenir ce qu'elles veulent d'un homme ? Leur narcissisme est content, pour un court instant. Comme certains hommes, elles accumulent les trophées de chasse et multiplient les petites croix sur la cheminée. Mais, au bout du compte, elles se retrouvent seules. Leur unique satisfaction aura été de détenir le pouvoir et donc de ne pas s'être faites « avoir » par un homme. Ce sont elles qui tiennent les rênes : elles ne souffrent pas. Comme le clame Sophie sans vergogne aucune : « Quand ça marche, je n'en ai plus envie. »

Elles semblent malheureusement confondre le fait de séduire, qui se traduit par des actes, avec un état, une qualité : être séduisante. La véritable séduction, quand elle n'est pas un jeu, n'exige pas que l'on en « fasse des tonnes », ou alors ces femmes nourrissent quelques doutes sur leur charme. Et la presse féminine ne se prive pas d'améliorer leurs performances en les abreuvant de conseils, de leçons de séduction, chaque semaine, chaque mois, encourageant les idéologies qui relèguent les femmes au rang d'objets. Vêtements, maquillage, allure et façons de se comporter sont analysés à la loupe pour leur donner toutes leurs chances. Et, écrit Boris Cyrulnik que nul ne saurait taxer de sexisme à l'égard des femmes, « il est très étonnant de voir à quel point les femmes savent se transformer en leurres pour les hommes[9] ». Ils deviennent des objets entre les mains de femmes qui jouent à être elles-mêmes des objets. Est-ce une revanche sur des millénaires de patriarcat et de domination masculine ? Elles adoptent avec les hommes les comportements qu'elles leur ont reprochés – qu'elles leur reprochent encore vis-à-vis d'elles. Si les femmes ne veulent plus, à juste titre, être des objets, les hommes doivent-ils le devenir à leur tour ? Et si ni les unes ni les autres n'en étaient ?

5. Le choix de l'autre

Sur qui jettent-elles leur dévolu, toutes ces femmes qui se retrouvent bredouilles après de plus ou moins brèves relations ? Comment choisissent-elles l'éventuel homme de leur vie ?

Le choix de l'autre n'est jamais un hasard

Le plus important est avant tout d'admettre qu'aucun choix ne se fait au hasard. Si les rencontres sont le fait de circonstances qui les ont permises, il en va tout autrement quand il s'agit d'être attirée par un homme plutôt que par un autre[10]. De nombreux auteurs insistent sur ce non-choix car tout se passe d'abord dans l'inconscient de chacun. Une rencontre est avant tout la rencontre de deux inconscients qui savent dans l'instant qu'ils ont quelque chose à faire ensemble. Comme l'explique Jean Cournut, les « demandes respectives (des deux inconscients) coïncident juste à l'instant de la rencontre[11] », ou Boris Cyrulnik, « l'objet d'amour n'est pas une personne. C'est un révélateur narcissique, un objet qui doit porter les traits sensoriels sus-

9. B. Cyrulnik, *op. cit.*, p. 216.
10. Voir S. Tenenbaum, *Bien vivre sa vie de couple*, Dunod-InterÉditions, 1999, p. 63.
11. J. Cournut, *op. cit.*, p. 210.

ceptibles de réveiller en nous la mémoire du bonheur[12] ». Par « bonheur », entendez l'époque bienheureuse de la fusion avec la mère.

Des commentaires tels que : « J'ai tout de suite su que c'était lui », « Dès que je l'ai vu, ce fut une évidence : j'avais rencontré l'homme de ma vie », « Un seul regard a suffi et tout mon univers a basculé », « Je n'ai pas eu besoin de réfléchir : j'ai senti profondément que c'était lui », etc. sont significatifs. Même si l'avenir modifie parfois les pronostics, dans l'instant, deux inconscients se sont trouvés : ils ont compris, dans une immédiateté surprenante, qu'ils avaient affaire ensemble. Au moment même où les deux protagonistes potentiels de l'aventure ont échangé leur premier regard, alors qu'ils ne se connaissaient pas, ils ont su que leur rencontre n'était pas anodine. Non seulement une attirance physique les a en quelque sorte aimantés mais, plus encore, ils ont compris qu'il allait se passer entre eux quelque chose qui allait changer leur vie. Et même s'il s'agit de quelqu'un que l'on connaît, il arrive parfois que les yeux regardent autrement cette personne, sans qu'aucun signe ne l'ait annoncé. Effectivement, il y a là comme une magie à laquelle on ne s'attend pas, mais qui déclenche les vagues d'émotions et de sensations tant recherchées – même si, j'insiste, l'histoire ne dure pas. Car, et les exemples ne manquent pas, si la rencontre avait lieu à un autre moment – quand les dispositions psychoaffectives sont différentes –, la rencontre des regards ne déclencherait peut-être rien.

L'influence des croyances

Plusieurs raisons sont à l'origine de ce « non-choix » du partenaire, mais d'ores et déjà, voyons l'influence majeure des croyances – certitudes, évidences dont beaucoup sont inconscientes – que nous avons évoquées plus haut et qui constituent la « colonne vertébrale » de la personnalité de chaque être humain. Pour le sujet de ce livre, il s'agit des certitudes sur soi, les femmes, les hommes, l'amour, le couple,

12. B. Cyrulnik, *ibid.*, p. 177.

la relation amoureuse. Ce sont ces croyances – chez la femme et chez l'homme – qui mettent en œuvre les modalités de cette rencontre privilégiée. Prenons-en une dont nous avons déjà parlé et qui peut s'énoncer de la façon suivante : « Les hommes gentils sont ennuyeux ». Si une femme rencontre un homme gentil, comme elle croit qu'il est également ennuyeux, elle finira forcément par le trouver ennuyeux, car nous ne cessons pas un instant – toujours inconsciemment – de nous confirmer que nos certitudes sont vraies. Tout notre équilibre interne en dépend puisque notre vision du monde est en jeu. Nous avons besoin de cette cohérence intérieure qui conditionne nos choix amoureux. Amélie qui, par son histoire personnelle, est persuadée qu'il ne doit jamais y avoir de conflit ou même de désaccord dans un couple – elle pense ne pas pouvoir le supporter car elle a toujours vu ses parents se quereller –, a « choisi » un compagnon qui s'enferme dans le mutisme dès qu'un possible sujet de dissension apparaît. Bien sûr, elle fait la même chose : au lieu de s'exprimer franchement quand quelque chose les dérange dans le comportement de l'autre, tous deux se taisent. Ce faisant, ils installent entre eux de la distance et plus personne ne comprend rien à ce qui est en train de se passer. Quand il conviendrait de parler de leurs différences et des motivations qui les incitent à agir de telle ou telle façon – que l'autre ne peut pas deviner –, ils se replient sur eux-mêmes, risquant ainsi d'aggraver la situation.

Les croyances sont, pour la plus grande part, à l'origine des « erreurs de casting » qui renvoient tant de femmes à leur solitude.

Les choix inadaptés

Les erreurs dans le choix des partenaires ne signifient pas nécessairement que ces femmes ne rencontrent que des hommes critiquables ; elles veulent plutôt dire qu'ils ne leur correspondent pas, sans qu'ils en soient, répétons-le, responsables : « Je ne me fais plus confiance, je ne tombe que sur des hommes qui me font souffrir », « Je ne comprends rien, je n'attire que des hommes qui ne me conviennent pas », « Je joue de malchance, je ne suis attirée que par des hommes qui me quittent dès qu'ils sentent que je m'attache », « Je n'ai encore jamais rencontré un homme qui sache m'écouter et me comprendre », « Chaque fois que je rencontre quelqu'un de bien, je deviens sa meilleure amie et je me retrouve avec un ami de plus, je n'en peux plus », « Je finis par penser que le sort s'acharne contre moi : je finis toujours par découvrir que les hommes qui me plaisent et avec qui je commence une histoire sont mariés ou vivent avec quelqu'un d'autre », etc. Telles sont les longues litanies des femmes qui, infiniment déçues par leurs rencontres amoureuses, reviennent régulièrement à leur solitude. Pourtant, elles ne sont pas stupides : là n'est absolument pas la question. Ce sont leurs choix qui ne semblent pas être adaptés, à tel point que l'on se demande – quand les erreurs se répètent trop souvent – si elles ont vraiment envie d'une rencontre qui déboucherait sur une relation de couple dans la durée. Souvenez-vous, c'est l'intention qui révèle le sens de nos actions : il serait trop simpliste de vouloir se convaincre que le seul hasard soit à l'origine de ces mésaventures, surtout quand elles se répètent, puisque aucun choix n'est dû au hasard. Car si les Princes charmants n'existent que dans leurs rêves, il existe néanmoins des hommes qui leur conviendraient tout à fait bien et, n'en déplaise à quelques-unes, ils ne sont pas tous « pris ». Leurs croyances, nous l'avons vu, influencent beaucoup leurs choix. Voyons quelques exemples parmi les plus fréquents.

L'habit ne fait pas le moine

Certaines femmes pensent encore qu'un homme bien de sa personne, ou possédant un compte en banque très avantageux, ou une belle voiture ou je ne sais quoi encore qui ne serait que de l'ordre du paraître ou de l'avoir sera forcément le « bon » : elles commettent une lourde erreur. Ou alors elles ne cherchent qu'à se « placer » avec quelqu'un qui leur offrira une « belle situation ». Dans ce cas, si une véritable relation amoureuse n'est pas leur objectif, elles ont raison, sinon, ne cherchons pas plus loin, l'erreur réside dans la confusion entre l'être et le paraître ou l'avoir.

Être, paraître, avoir et faire

Être, paraître, avoir et faire représentent quatre composantes de l'être humain et il est essentiel de ne pas les confondre, ce qui arrive pourtant trop souvent. Si l'eau de la mer paraît bleue, verte ou grise, il suffit d'en remplir un verre pour découvrir qu'elle n'est ni bleue, ni verte, ni grise. Le verbe être est trompeur sur bien des points. Une personne peut paraître sûre d'elle, gentille ou prétentieuse et ne pas l'être du tout. Se fier aux apparences ne peut en aucun cas suffire pour se faire une idée juste de ce qu'est cette personne. Une autre peut posséder un beau patrimoine immobilier, cela ne veut rien dire sur ce qu'elle est réellement, à part qu'elle fait sans doute partie des nantis. Elle peut posséder une importante bibliothèque, cela ne signifie pas nécessairement qu'elle est passionnée par la lecture : les faux livres magnifiquement reliés se vendent au mètre ! Quelqu'un peut multiplier les actes de générosité sans être forcément généreux : s'il s'en vante, il ne s'agira plus de bonté d'âme mais de volonté de paraître. Il est fréquent de faire des bêtises sans être bête, de dire un mensonge – ne jetons pas la pierre, nous le faisons tous ! – sans être un menteur. Nous ne sommes pas ce que nous faisons, le croire serait un tantinet trop réducteur par rapport à l'immense complexité et richesse d'un être humain : son être profond.

Les considérations stériles qui voudraient que nous sommes ce que nous paraissons ne peuvent donc mener qu'à l'échec. Pourtant, elles sont présentes dans la façon dont certaines femmes - même des adultes, pas seulement de toutes jeunes femmes un peu trop ingénues qui ont pour excuse leur inexpérience - regardent les hommes. S'il est prince, il ne peut donc être que charmant, même si ce n'est pas ce qui frappe au premier abord. Combien se sont laissées prendre par un physique masculin tout à fait agréable selon les canons esthétiques du moment, combien ont cru et croient encore qu'il suffit qu'un homme ait bien réussi professionnellement pour qu'il soit un compagnon ou un mari de « qualité ». L'on pouvait espérer qu'au début du troisième millénaire, ces femmes ne se laisseraient plus abuser par les aspects extérieurs de leurs frères humains, qu'elles auraient réfléchi un peu plus longuement à la question. Elles s'appliquent d'ailleurs les mêmes conceptions : « Je suis ce que je parais et ce que je fais, c'est comme pour les hommes. » Même s'il est on ne peut plus légitime d'apprécier le charme, la beauté et l'indépendance financière, voire une belle réussite professionnelle. Mais ces critères ne peuvent absolument pas suffire. Surtout, reconnaissons-le, qu'à l'exception de certains prototypes « objectivement » beaux, c'est le regard que l'on porte sur l'autre qui le rend beau. N'est-ce pas plutôt l'expression de ce qu'il est et ce qui émane de lui qui le rend si attirant ? J'ai déjà vu nombre de femmes se détourner d'hommes remplis de qualités avec pour seule raison une imperfection physique, – ou ce qu'elles jugent ainsi – même mineure, s'empêchant ainsi de découvrir qui ils sont.

Tout ce qui brille n'est pas d'or

D'autres femmes semblent comme fascinées par la brillance d'un discours : il est certes extrêmement plaisant d'être aux côtés d'un beau parleur, cultivé de surcroît, ou qui manie le verbe avec élégance et brio. Mais voilà : encore une fois, cette qualité, s'il n'est pas question de la renier, n'est vraiment pas suffisante. Combien de femmes déplorent avoir été trompées par l'aisance verbale de leur partenaire : « Il m'a très vite séduite par sa façon de parler : j'étais comme hypnotisée et je pouvais l'écouter parler pendant des heures. Je ne m'ennuyais jamais avec lui. Mais j'ai aussi vite déchanté : derrière les mots, j'ai découvert un véritable mufle imbu de sa personne », « C'était merveilleux de l'entendre parler, mais il ne m'écoutait jamais : il n'y en avait que pour lui et je crois qu'en trois mois, il ne m'a pas posé une seule question sur moi », « Au début quand nous sortions ensemble chez des amis, j'étais très fière de sortir avec un tel homme : il pouvait parler de tout, aucun sujet ne le gênait. Jusqu'au jour où j'ai eu une sorte de révélation : il ne me laissait jamais parler, et je me sentais une vraie potiche à côté de lui. J'ai compris que je n'étais qu'un faire-valoir et je l'ai laissé sous les feux de la rampe : c'est ce qu'il voulait ».

Il apparaît qu'une seule qualité, jugée essentielle quand elle est présente, suffise à masquer tous les autres aspects de la personne : un seul élément, s'il est, je le répète, indéniablement plaisant, ne représente jamais l'individu tout entier. S'aveugler à ce point en se focalisant sur un trait physique, une apparence, une aptitude ou un comportement, sans aller plus loin, est malheureusement une attitude bien trop fréquente. Elle correspond à une immaturité qui explique bien des solitudes.

Les bourreaux des cœurs

Avec les insatiables Don Juan, certaines femmes font des rencontres qu'elles trouvent extraordinaires – pendant un temps. « Quand je l'ai vu, je me suis dit : "Il sera mon mari" » (Agnès) : il ne l'a jamais été, le mariage ne faisait pas partie de ses plans. C'est vrai qu'ils sont des séducteurs hors du commun, quasi professionnels, et qu'il est souvent difficile de résister à leurs talents. Car ils savent parfaitement bien conjuguer l'ensemble des qualités que beaucoup de femmes recherchent chez le prince de leurs rêves. Pas étonnant qu'on les surnomme les bourreaux des cœurs ! Charmants, brillants, sachant se montrer non seulement disponibles mais insistants, attentionnés, ils mènent leurs parades amoureuses avec un art consommé. Mais voilà : ce n'est que le temps de la parade amoureuse. Sitôt la belle ferrée et tombée dans ses rets, le voilà qui retourne vers de nouvelles conquêtes : « Les hommes importants de ma vie, il a fallu les conquérir car tous plaisaient beaucoup aux femmes, aimaient se sentir libres ; ils étaient créatifs, pleins de fantaisie, boute-en-train, très secrets et étaient très séduisants physiquement » (Martina). Beaucoup de femmes le savent, le reconnaissent mais espèrent malgré tout qu'avec elles, « ce ne sera pas pareil. Moi je saurai faire ce qu'il faut pour qu'il ait envie de poser ses valises », « Je suis sûre qu'il tient à moi, il me dit tout le temps qu'il m'aime », « Quand il me parle des femmes de sa vie, je comprends bien pourquoi il était toujours en recherche, mais il le reconnaît, avec moi, ce n'est pas pareil », « Je ne suis pas comme les autres, c'est ce qu'il n'arrête pas de me dire, alors pourquoi partirait-il ? », « Il m'a déjà présentée à tous ses amis, ça prouve bien que je suis importante pour lui, non ? », « Il m'a dit qu'il avait parlé de moi à ses parents, c'est une preuve qu'il tient à moi, n'est-ce pas ? », « Il m'a dit qu'il adorait les enfants, alors je lui fais confiance : je suis sûre qu'il voulait me dire qu'il en voulait avec moi », etc.

Et quand Don Juan possède aussi d'indéniables talents relationnels, comment ne pas le croire sincère ? Comment douter de ses bonnes intentions ? « S'il ne m'aimait pas, il ne passerait pas des heures à m'écouter, à me consoler, à me donner des conseils », « Il me respecte comme aucun autre avant lui : il a pris tout son temps avant de faire l'amour avec moi, il a bien compris que je n'étais pas sûre de moi », « Il est très attentif, il veut toujours que je me sente bien », « Il se soucie vraiment de moi, il m'a dit que je n'avais aucune raison de ne pas avoir confiance en moi », « Il m'a dit qu'il m'admirait d'être comme je suis après tout ce que j'ai déjà vécu », etc.

Il est bien évident qu'un bourreau des cœurs donne toutes les apparences de l'aisance, de la facilité... et de l'amour sincère : il est l'anti-modèle du poète trop rêveur ou distant, de l'homme grincheux épuisé par son travail, du macho peu soucieux des questions féminines ou narquois à l'égard des problèmes des femmes. Avec Don Juan, on ne peut jamais s'ennuyer : il est débordant de vie, optimiste, créatif, imprévu parfois, il sait remettre gentiment les femmes à leur place quand elles deviennent trop boudeuses. Une simple pirouette et elles retrouvent le sourire. Le quotidien devient un enchantement rempli de sensations délicieuses et d'émotions que l'on n'imaginait même pas avec cet homme en tout point admirable. Car il sait parfaitement maintenir une tension qui rend la vie passionnante. Sophie s'émerveille encore d'un cadeau récent de son Don Juan : une composition florale tellement gigantesque qu'elle ne passait pas sa porte !

Les victimes de la vie

Vous connaissez le coucou : c'est un oiseau qui ne fabrique pas son nid et préfère occuper celui des autres. L'expression les « coucous mouillés », une amie psychiatre l'emploie lorsqu'elle évoque les hommes qui se présentent comme des victimes et qui cherchent donc désespérément une « femme sauveuse » qui saura les accueillir dans son nid et s'occuper d'eux, telle Valérie qui pense qu'elle est « responsable de la vie, du bonheur des autres car ça ne se fait pas de penser à ses propres désirs » ou Nadine qui reconnaît que son « héroïne préférée était une infirmière courageuse, active et admirée par tous », ou Anne-Sophie : « Jusqu'à présent, j'ai été attirée par des hommes "fragiles", perturbés par ce qu'ils vivaient... Peut-être est-ce parce que ça réveille un aspect maternel en moi ? » Nous sommes en présence du syndrome de « l'infirmière-psy-maman-nounou » qui va se dévouer corps et âme pour sauver ce pauvre être si malheureux. Ces femmes sont persuadées – encore une certitude qui va dicter leurs choix amoureux ! – que leur amour va redonner vie à des compagnons qui, en retour et tout naturellement, vont les aimer d'un amour sincère et véritable. Elles ne vont donc, par non-hasard, être attirées que par des hommes qui auront besoin d'elles. Au moins pour un temps – car bien soignés, bien requinqués, ils risquent de leur dire « Au revoir et merci ! », les abandonnant à leur culpabilité : « Je n'ai pas su assez bien l'aimer » ou à leur rage : « Ce n'est qu'un ingrat, après tout ce que j'ai fait pour lui ! » Après de nombreuses années vécues avec un homme qui ne la respectait pas, qui la contrôlait dans tous les domaines tout en se faisant entretenir, soigner, nourrir et « blanchir », Mathilde a compris que l'argent correspondait à un moyen de pression sur lui : tant qu'il avait besoin d'elle financièrement, elle était sûre de le « garder ». Pendant tout ce temps, elle a entretenu une image négative des hommes et s'est dévalorisée à ses propres yeux.

Ce qui est extraordinaire, c'est bien la finesse et la lucidité de l'inconscient de chaque protagoniste. Tout se passe comme si celui de l'homme demandait à celui de la femme : « Est-ce que tu veux bien m'aider, j'ai besoin de toi ? » qui lui répondrait : « Je n'attendais que ça, bien sûr que je vais m'occuper de toi » ou : « Je suis bien malheureux », « Je vais t'aimer, moi, je saurai te rendre heureux, tu verras » : dialogues qui instaurent un contrat inconscient, implicite entre deux partenaires qui y trouvent alors leur compte. « Je n'ai le sentiment d'exister que si on me demande de l'aide et que j'ai l'impression de servir à quelque chose » (Christelle).

Cette situation ne peut durer qu'un moment : car il n'est pas simple de se nier soi-même constamment au profit du bien-être de l'autre, de n'être disponible qu'à l'autre, de ne jamais tenir compte de ses propres besoins, comme Liliane qui vit « au service des autres ». Cela finit par devenir totalement invivable. Mais ce temps peut s'allonger au gré du plaisir que la femme sauveuse pourra savourer en sachant qu'elle a du pouvoir sur cet homme qui ne dépend que d'elle. Elle se montre prête à beaucoup de dévouement, d'abnégation et de sacrifices pour conserver cette mainmise qui lui donne un sentiment grisant de toute-puissance sur cet homme – tant qu'elle le maintiendra en situation de dépendance vis-à-vis d'elle, tant qu'il se présentera à elle en victime (de la vie, de ses parents, de ses professeurs, de son patron, de ses amis, de son ex-femme, etc.). Béatrice reconnaît, en parlant du « deuxième homme de sa vie » qui, dit-elle, l'a aimée, qu'elle voulait « en faire sa chose » et qu'elle « lui a fait payer beaucoup de choses », c'est le cas de le dire, car elle ajoute : « Je veux que les hommes rament, ils doivent payer, au propre et au figuré, car ce sont tous des salauds. » Tant il est vrai que beaucoup d'hommes remplissent ce rôle : servir d'exutoires pour les revanches ou vengeances des femmes déçues par les hommes et qui ont des comptes à leur demander.

J'ai souvent rencontré des femmes de ce type en thérapie : elles éprouvaient des difficultés inouïes à admettre que leur dévouement extrême n'était peut-être pas que de l'amour, qu'autre chose les maintenait dans cette situation dont pourtant elles souffraient aussi car elles vivaient en marge d'elles-mêmes : « Je suis prise dans un étau :

les autres m'étouffent et il faut les faire passer avant soi, surtout en amour » (Virginie). Et de quelle forme d'amour s'agit-il quand il est insupportable d'entendre que son partenaire pourrait n'avoir plus besoin d'elles ? De quelle forme d'aide s'agit-il, qui maintient la personne dans un tel état de dépendance ?

Certaines femmes finissent par se rebiffer – nous retrouvons l'ambivalence – et par rejeter celui qui ne fait rien pour elles, qui est « tellement égoïste, égocentrique même », « pour qui je me suis sacrifiée et qui n'est même pas capable de dire au moins "merci" de temps en temps », « qui réclame toute mon énergie et qui ne veut même pas que je continue à faire du sport parce qu'il ne supporte pas que je le laisse seul deux heures ! », « qui ne fait même plus l'effort de chercher du travail parce que finalement je gagne plutôt bien ma vie », « qui supporte à peine que je téléphone à mes amies ou à ma mère », « qui voudrait que je l'aide à moins boire, comme si j'y pouvais quelque chose ! », « qui ne veut pas changer ». Pourtant, s'il changeait, il ne voudrait peut-être plus d'elle... Mais là, il s'agit de femmes qui accusent leur « coucou mouillé » de correspondre très exactement à ce qui pouvait les attirer. Elles voulaient sauver, elles voulaient aider : elles ont eu ce qu'elles désiraient. Elles ne se sont donc pas trompées en choisissant un tel homme : elles se sont trompées sur leur idée de l'amour, ce n'est pas la même chose. Ils n'y sont pour rien, vraiment pour rien. Pour ne pas rester seules, elles ont choisi un homme qui avait besoin d'elles, et qui deviendrait évidemment dépendant de leur bonne volonté à le sauver, à s'occuper de lui.

Si cette situation perdure, les femmes sauveuses risquent bien de tomber dans ce que l'on appelle la co-dépendance : ce qui signifie qu'il est vital que l'autre ait besoin d'elles. Pour ce faire, elles vont « choisir » des hommes de plus en plus en demande, sans d'ailleurs forcément les aider réellement : ils risqueraient de ne plus être dépendants d'elles, de ces femmes qui n'agissent ainsi – inconsciemment – que pour se satisfaire elles-mêmes. Ce cercle infernal existe, et il n'est absolument plus question de parler d'amour.

Les sauveurs-guérisseurs

Si les femmes qui cherchent des hommes à sauver sont nombreuses - c'est un rôle traditionnellement réservé à la femme -, une autre catégorie est également fréquente, celle des femmes qui désirent être sauvées, autrement dit qui recherchent des hommes sauveurs-guérisseurs. Qu'elles soient déprimées ou qu'elles se perçoivent comme des victimes impuissantes à agir sur leur vie, elles attendent « tout » d'un homme, ne concevant pas qu'elles puissent apprécier leur vie ou même simplement vivre sans un compagnon : « Je charge les hommes de me rendre heureuse, de me donner du bonheur, du rêve » (Anastasia). Elles ressentent donc le besoin vital d'une présence masculine à leur côté, seul remède à leur destin, à tel point qu'elles ne savent pas dire « non » à un homme, même s'il ne leur plaît pas vraiment : « Je ne sais pas résister à un homme que j'attire, au moins je ne suis pas seule » (Anne).

C'est ainsi que leur inconscient peaufine ses antennes pour être efficace dans la détection de l'homme qui viendra les guérir de tous leurs maux. Car, comme toute femme déprimée ou victime qui se respecte, elle est persuadée qu'elle ne peut strictement rien faire pour elle, qu'elle est totalement incapable d'agir, d'avoir de l'impact sur sa propre vie : « Je doute trop de moi, je n'arrive pas à faire les choses seule, j'ai trop peur de devenir adulte » (Karine). Vie qu'elle remet entre les mains du sauveur qu'elle aura très bien su attirer puisque les rôles doivent rester complémentaires. Une victime attire un sauveur, un sauveur est attiré par une victime. Venir au secours de cette âme en peine, subvenir à ses besoins - affectifs et psychologiques -, telle sera la tâche de cet homme. Et il aura tout intérêt à bien remplir son rôle sous peine de représailles sévères : « Tu n'es qu'un égoïste, tu ne penses qu'à toi, je ne peux jamais rien te demander », « De toute façon, tu ne me comprends pas », « Après tout ce que j'ai vécu, tu pourrais me ménager un peu plus », « Je te faisais confiance, je pensais pouvoir compter sur toi, mais tu n'es vraiment pas à la hauteur », « À cause de toi, je dois retourner chez mon psy, tu te rends compte ! », « Mon médecin pense que je devrais prendre des antidépresseurs, tu es fier de toi ? » etc.

Stress, dépression, déprime, peur, angoisse

Ces termes, si fréquemment employés, n'ont pas toujours une définition très précise pour ceux qui les utilisent et les confusions sont fréquentes, c'est pourquoi il semble utile de préciser leur sens.

Le stress « désigne la réponse globale, non spécifique, de l'organisme à toute demande qui lui est faite[13] ». Il correspond à la réaction du corps pour s'adapter à un changement, quel qu'il soit, heureux ou non. C'est ainsi que toute modification dans notre vie quotidienne est à la source d'un stress que nous ressentons physiologiquement puisqu'il est d'abord inscrit dans le corps. C'est pourquoi un changement heureux (départ en vacances ou autre bonne nouvelle) provoque un stress, agréable certes, mais à l'origine de manifestations telles que rythme cardiaque accéléré, transpiration excessive, bouche sèche, changement de couleur de peau, etc. Dès qu'il y a un stress, tout le métabolisme s'emploie à en minimiser les effets, faisant en sorte que nous nous adaptions rapidement à ce changement. Si un stress négatif se poursuit trop longtemps, l'organisme risque de s'épuiser.

La dépression correspond à une « dépréciation fondamentale, la tristesse, le pessimisme foncier et l'absence de tout élan vital[14] ». Elle correspond à un état d'immense colère contre soi-même, entraînant tant de désamour de soi que l'on voudrait parfois se « quitter », alors que cette colère, à l'origine, est dirigée contre d'autres personnes. La dépression conditionne des comportements de négligence vis-à-vis de soi, des attitudes désabusées face à la vie : nul désir, nulle envie ne peuvent émerger, tout devient trop difficile et un acte même simple demande trop d'efforts. Il existe aussi des dépressions que l'on dit « masquées », c'est-à-dire que ni la personne ni son entourage n'en

13. N. Sillamy, *Dictionnaire de psychologie*, Bordas, 1983.
14. J. Bergeret, *Psychologie pathologique*, Masson, 1986, p. 184.

tiennent compte alors qu'elles existent réellement et se manifestent, par exemple, dans des comportements d'hyperactivité. Les dépressions d'adultes sont souvent des dépressions de l'enfant qu'un déclencheur a réactivées.
La déprime n'est qu'une forme très atténuée de la dépression et elle peut n'être que passagère. Elle n'est inhibitrice d'aucun comportement : c'est ce que l'on appelait le « blues ».
La peur correspond à un sentiment de danger identifié, réel ou imaginaire ; une personne qui a peur, quelle qu'en soit l'intensité, sait ce qu'elle craint. La peur est une émotion souvent utile car, quand elle n'est pas imaginaire, elle sert à prendre conscience d'un danger.
Tout au contraire, l'angoisse traduit une peur irrationnelle très intense sans que la personne puisse l'appliquer à un quelconque objet : elle a conscience d'une peur absolument insupportable, mais sans savoir à quoi elle pourrait la rattacher.

Pour les victimes, l'autre – les autres – est responsable de tous les maux, depuis toujours. Alors Monsieur-sauveur-guérisseur est tenu de réparer la vie entière de Madame-faible-et-victime, depuis sa venue au monde. Mais cette demande est impossible à satisfaire : il sera donc toujours en échec et se fera rejeter ou « sadiser » par sa partenaire, c'est-à-dire qu'elle adoptera vis-à-vis de lui un comportement sadique, méchant, méprisant, parfois cruel. Il se peut alors que ce soit lui qui tire sa révérence – signe d'une bonne santé mentale –, à moins qu'à son tour, lassé de se faire rabrouer et critiquer, il ne devienne lui-même bourreau. Il renforcera ainsi la certitude de sa compagne d'être une victime. La boucle sera bouclée. Dans tous les cas, la femme se sentira seule car son sauveur-guérisseur ne l'aura ni sauvée ni guérie. L'échec était prévisible. Élisabeth Badinter parle de « la démarche "victimiste" : néologisme qui désigne l'attitude consistant à se définir en priorité comme victime[15] ». Les victimes se présentent toujours comme de pauvres petites choses fragiles, des petits Tanagra (figurines en terre cuite très fragiles représentant symboliquement

15. É. Badinter, *Fausse route*, *op. cit.*, p. 18.

la beauté féminine) qu'il convient avant tout de ménager : « Je rêve d'être une petite fille, je ne sais pas me prendre en charge, je suis trop sensible » (Johanna).

Il existe une autre forme de comportement qui peut attirer les hommes sauveurs : celui de la femme qui prend tout sur ses épaules, qui ne s'occupe jamais d'elle et qui ressent un profond sentiment d'injustice. Elle attend donc de son compagnon qu'il répare les torts qui lui ont été faits – qu'elle se fait à elle-même dans la plupart des cas –, qui lui sont encore faits, mais sans se plaindre directement, sans exprimer de demandes directes. En revanche, elle sait parfaitement bien soupirer ! Tout comme elle excelle dans l'art d'entretenir des silences chargés de plomb. Martyre, sacrifiée sur l'autel du dévouement, elle attend que son partenaire l'admire, la prenne en pitié et la vénère pour ses vertus altruistes. Sinon, elle risque de retourner à ses chocolats, ses gâteaux et autres compensations pour être si mal comprise. « Je suis un peu boulimique pour remplir le vide intérieur » (Élise). Car les douceurs et les friandises constituent parfois la seule aide qu'elle puisse accepter de se donner. Si son compagnon était efficace pour la sortir de sa misère psychologique, elle ne serait plus une victime ; et si elle n'était plus une victime, elle devrait s'occuper d'elle et se prendre en charge car elle n'attirerait plus aucun sauveur. Les bénéfices de la victime sont bien trop importants pour les lâcher !

Quelle que soit la forme que prend leur « victimisation », les femmes qui jouent ce rôle ne peuvent qu'entretenir cette situation tout comme leurs choix amoureux ne peuvent que renforcer cette attitude : tout est perdu d'avance et la quête peut se poursuivre inlassablement, quête d'un bonheur qui ne peut venir que de l'autre.

L'homme non disponible

Il existe aussi des femmes qui choisissent une relation avec des hommes mariés, vivant avec une autre femme ou déjà en couple non cohabitant : bref, non disponible pour une relation « à plein temps ». Je dis bien qui *choisissent* car je n'évoque que celles qui sont au courant de cette situation et qui ne se détournent pas pour autant de ces hommes : « Je ne peux aimer qu'un homme non disponible » (Flore). Averties, elles acceptent en toute conscience d'être l'« autre » - celle de *Back Street*[16], ce livre extraordinaire de réalisme et de désespoir -, celle qu'ils ne voient bien sûr qu'avec un immense plaisir, mais uniquement quand ils peuvent se libérer. Ces femmes savent qu'elles ne pourront pas vivre avec cet homme une relation totalement satisfaisante. Pourtant, certaines de ces histoires d'amour - car l'amour n'en est absolument pas exclu - peuvent se maintenir dans la durée. Les femmes qui ont fait ce choix se retrouvent inéluctablement un jour ou l'autre dans une situation intenable.

Certaines affirment que « C'est bien mieux comme ça : au moins le quotidien ne vient pas tout gâcher », « Nous sommes ensemble quand nous le décidons, nous sommes toujours très heureux de nous voir », « Je garde ma liberté, je continue à organiser mon temps comme je le désire, c'est le rêve ! », « Nous n'avons du couple que le plaisir, pas les inconvénients ». À voir ! Bien sûr, dans les débuts de cette relation si romanesque puisque « interdite », les deux partenaires sont aux anges quand ils se retrouvent : « Avec les hommes mariés, je ne vis que des lunes de miel, courtes mais intenses » (Christine). Mais la dame déchante bien vite car ils ne sont pas ensemble bien souvent et jamais pendant les fins de semaine, les vacances, les périodes de fêtes. Bien sûr, « les liaisons maîtresses/hommes mariés prennent souvent l'allure d'aventures romantiques ou furieusement passionnelles[17] ». Elles libèrent le quotidien des inconvénients matériels de la vie à deux.

Il n'empêche : petit à petit, la liberté conservée coûte bien cher car elle n'est plus autant désirée. Nous savons bien que le désir naît de la frustration, mais à ce point, c'est trop. Alors les retrouvailles deviennent moins plaisantes : « Ne pourrait-on pas se voir plus souvent ? », « Tu pourrais t'arranger pour te libérer au moins quelques week-ends ! »,

---

16. Hurst, *Back Street, en marge de la vie*, Nouvelles éditions latines, 1988.
17. Lili Péka, *Marie-Claire*, septembre 2003.

« Quand est-ce que nous pourrons enfin avoir toute une nuit pour nous ? », etc. Plaintes et lamentations, nées de ce manque trop important, ponctuent les moments passés ensemble et leur donnent de plus en plus fréquemment un goût un peu trop amer. La solitude est encore bien trop présente. C'est le cas de Chloé qui, il y a quelques années, a vécu une relation très intense avec Laurent, marié et père d'un petit garçon. Très « forte », sa relation, oui, mais au bout de quelques mois, l'intensité n'était plus dans le plaisir, tout au contraire. Elle ne supportait plus qu'il ne prenne pas la décision de quitter sa femme « avec laquelle il ne s'entend pas », elle ne supportait pas que l'on dise qu'elle était la « maîtresse » de cet homme : le terme lui paraissait outrageant alors qu'il correspondait à la réalité. Totalement dans le déni, elle refusait d'ouvrir les yeux tout en multipliant les plaintes et les scènes.

Une autre façon de vivre une relation amoureuse de ce type est de s'installer dans l'attente : la femme n'attend plus le Prince charmant puisqu'elle l'a trouvé, elle attend qu'il quitte sa « légitime », celle avec qui il a peut-être un ou plusieurs enfants... L'autonomie est conservée, tout comme la joie du rêve : ce n'est plus « Un jour mon Prince viendra », mais « Un jour mon Prince sera tout à moi ». Comme celles que nous évoquions précédemment, ces femmes finissent par se lasser : l'attente est bien trop longue, elle s'étire sur des mois, des années, sans que rien ne change. Mais pour certaines, l'espoir persiste, nourri par l'imaginaire, alors que tout dans la réalité vient affirmer qu'il est vain. Chez les autres, l'aigreur prend progressivement une place plus importante, parasitant les rencontres, toujours trop brèves : « Est-ce que tu lui as parlé ? », « Tu m'avais promis de lui parler », « Quand est-ce que tu mets en route la procédure de divorce ? », « Jure-moi que vous ne faites plus l'amour », « Pourquoi est-ce que tu ne la quittes pas ? C'est moi que tu aimes, non ? », etc.

Dans les deux cas, ces femmes en deviennent presque réduites à demander l'aumône de quelques heures de bonheur – une parenthèse qui leur donne le courage d'apprécier encore leur indépendance qu'elles ne voudraient peut-être plus défendre avec tant d'acharnement, ou d'alimenter leur espoir qui risque bien de rester sur sa faim.

Choisir délibérément de vivre une telle situation dans laquelle elles ne peuvent pas ignorer leur totale dépendance aux disponibilités de leur « ami », à sa bonne volonté, constitue une erreur d'aiguillage sentimental qui ne peut apporter que de la souffrance. À moins que nous n'ayons à faire à des femmes qui aiment se complaire dans une sorte de délectation morose et entretenir une forte intensité émotionnelle proportionnelle à leur frustration. Elles ont beau ne plus entrer dans la catégorie des femmes totalement seules, leur solitude est pourtant bien réelle, d'autant plus que leur relation doit la plupart du temps rester secrète. Si la clandestinité et le goût du péché peuvent pendant un moment justifier des sensations fortes, ces frissons ne sont que passagers et deviennent bien vite plus gênants qu'agréables. Se cacher n'est pas si passionnant sur le long cours. Encore une fois, au lieu de ne s'en prendre qu'à elles-mêmes – puisqu'elles ont fait ce choix délibérément –, elles accusent les hommes d'être lâches et infidèles et ne se privent pas de les rendre responsables de leur solitude affective. Elles n'avaient pourtant pas été trompées sur leur fidélité...

Nous venons de faire un tableau des principaux choix amoureux « malencontreux » les plus fréquents – il n'est pas possible de tous les répertorier –, mais il en existe d'autres qui ne peuvent pas aboutir à une relation d'amour authentique et durable. Comme celui qui pousse certaines femmes vers le « premier venu » qui a seulement eu l'idée de se trouver là un jour de trop grande désespérance ; ou vers l'« inaccessible mais si attirant ! » qui leur fait perdre un temps précieux quand le défi est vraiment trop irrelevable ; ou vers l'« évidemment très macho mais si charmant » qui mettra à mal toutes leurs illusions sur leur propre force et leur indépendance ; ou encore « l'homme à l'ego démesuré, macho, grande gueule, égocentrique, à problèmes, avec qui je peux être en conflit mais drôle, doué et talentueux dans sa vie professionnelle » (Emma) ; ou le « sacrifié » acceptant finalement d'entamer une relation avec une femme qui pense sincèrement que personne ne veut d'elle et ne peut donc que mépriser celui qui consent à tourner son regard vers elle. Il suffit d'écouter toutes ces femmes pour comprendre leurs erreurs dans leurs choix amoureux : « On aime la personne qui nous fait souffrir », « Je ne suis attirée que par les hommes marginaux », « Je n'ai connu que des hommes pas terribles », « Les hommes importants dans ma vie étaient tous despotes, égoïstes, lunatiques, machos, violents, passionnés, intelligents, originaux », « J'ai toujours été avec des hommes gentils qui ne m'attiraient pas spécialement », « Je choisis toujours des hommes inférieurs intellectuellement et que je n'aime pas, mais qui m'aiment », « J'ai besoin de deux hommes : un pour la sécurité, l'autre pour la passion. On ne peut pas vivre les deux avec un seul homme », « Les petits délinquants sont irrésistibles : au moins avec eux, je m'amuse », « Un homme qui ne ressemble pas à mon père ne peut pas être le bon ». Ces pages invitent les femmes qui se sentent concernées à se questionner sur leurs choix amoureux qui ne font que les renvoyer à la « case départ » : la solitude.

6. La peur de la bonne rencontre

Ces comportements et attitudes mentales sont en grande partie responsables de la solitude prolongée de ces femmes en souffrance. Si elles sont remplies d'illusions sur un très éventuel Prince charmant de leurs rêves – « Je suis très exigeante et je pense que j'ai trop essayé de faire rentrer dans mon "idéal" celui qui avait d'autres qualités par ailleurs, mais pas celles que j'attendais de lui » (Émilie) –, pour certaines, l'amour est plus important que l'homme avec qui elles pourraient le vivre. D'autant plus que leurs idées sur les hommes sont extrêmement négatives : « Je suis de plus en plus exigeante » (Louise). Elles ont tellement peur de vivre une rupture qu'elles font tout pour éviter une relation de qualité et elles choisissent des hommes avec lesquels, forcément, aucune histoire ne peut exister ou durer : « J'ai toujours choisi des relations vouées à l'échec » (Arielle) ; « J'ai une sorte de "cour" d'hommes autour de moi qui m'a suffi jusqu'à maintenant » (Louise) ; « Je n'ai plus quelqu'un qui me "harcèle" et qui régente ma vie et je ne fais aucun effort pour rencontrer qui que ce soit. Lorsque ça arrive, ils ne me plaisent que très rarement. Si je me suis trompée dans mes choix amoureux, j'en suis la seule responsable : parce que je n'aime pas les rapports simples, parce que je ne me connais pas assez et que jusque-là, c'est la petite fille - ou la "maman" qui est en moi - qui a aimé, plus que la femme » (Emma). Quand ces femmes rencontrent quelqu'un qui leur convient - ce qui arrive -, elles le fuient la plupart du temps, par crainte de se tromper « une fois de plus » : elles semblent préférer la quête qui justifie leur souffrance : « Je fais tout ce qu'il faut pour que les hommes qui me plaisent me fuient, j'ai bien trop peur de l'amour » (Martina).

De nombreuses femmes ignorent à quel point leur demande affective est visible, voire criante, ce qui alourdit terriblement l'atmosphère des rencontres avec les hommes qui reçoivent ces signes comme des indices de pression beaucoup trop forte à leur encontre. Ils en ont peur et préfèrent se détourner de ces « appels », de cette avidité à être aimées. Sans oublier que, trop souvent, à peine le monsieur rencontré, elles croient que « tout » est acquis, joué, et elles ne décolèrent plus devant la lenteur que leur partenaire met pour s'engager davantage dans la relation pourtant à peine esquissée. Elles veulent tout, tout de suite : ce comportement n'est rien d'autre qu'un sabotage car, au fond d'elles-mêmes, elles savent bien qu'il est impossible de construire dans la rapidité. Il faut du temps pour que se développe une histoire d'amour, mais leur impatience les rend amnésiques sur cette lenteur nécessaire.

Reprenons l'adage selon lequel l'intentionnalité indique le sens des actes : il semble alors plausible d'affirmer qu'elles préfèrent rester seules, même si cet état de solitude leur est si difficile : « Aujourd'hui encore, même après avoir ajusté ma vision des choses, je ne suis pas capable d'être à l'initiative d'une relation, je suis toujours sur la défensive » (Arielle) ; « Depuis un an, j'aimerais rencontrer quelqu'un, mais je ne fais pas grand-chose pour que cela arrive ! Et d'un autre côté, je me plais dans ce célibat car j'y trouve des avantages. Quand je rencontre un homme, je me tiens sur la défensive » (Louise) ; « Je me sens extrêmement frustrée, perplexe, perdue et je n'ai presque plus le courage d'aller affronter de nouveau le monde des relations amoureuses si c'est à chaque fois pareil » (Émilie). Elles vivent bien dans la confusion de leurs désirs.

Chapitre 3

Le poids familial

Nous venons d'analyser des comportements et des schémas mentaux que les femmes vivant mal leur solitude mettent en œuvre pour pérenniser leur douloureuse situation. Nous tenterons, dans les pages qui vont suivre, d'en décrypter certaines causes, les plus fréquentes, dues à leur environnement familial. Non pas qu'il faille imputer la totale responsabilité à la famille, aux parents en particulier, car « Nous sommes la résultante de notre patrimoine génétique, notre environnement familial (ou ce qui en a tenu lieu), notre environnement socioculturel et de nos réactions spécifiques et individuelles à l'ensemble de ces facteurs[1] ». *Mais nous savons que notre personnalité se construit dès les premiers moments de la vie, dans le milieu qui nous voit grandir. C'est pourquoi ce que nous vivons dans notre prime enfance et dans notre jeunesse est tellement fondamental et se reflétera dans notre vie amoureuse.*

1. S. Tenenbaum, *Nos paysages intérieurs*, *op. cit.*, p. 94.

1. Enfance et vie amoureuse

La vie amoureuse de chaque être humain est conditionnée par son enfance, dès la naissance, car les toutes premières interactions d'une maman avec son bébé vont contribuer à mettre en place une trame affective qui aura des répercussions à très long terme, qui va donner la « couleur affective » de toute sa vie relationnelle et surtout amoureuse.

Le premier amour

La relation du bébé avec sa mère est la première histoire d'amour qu'il va connaître, amour plus ou moins heureux qui, toujours, restera gravé au fond de lui. Puis, le tout-petit aura absolument besoin de l'aide de sa mère pour se percevoir en tant qu'individu séparé, pour savoir de façon claire qu'il ne fait pas « un » avec cette mère avec qui il a vécu de si longs mois en totale fusion. C'est ce que Winnicott appelait la « maladie infantile » de la mère, période d'environ deux ans au cours de laquelle la mère et l'enfant sont en osmose, vivant dans une sorte de confusion identitaire. C'est pourquoi elle seule peut l'amener à cette séparation – si elle le veut bien, quand cette étape de la vie de son enfant est terminée[2], aidée par le père quand il joue bien son rôle d'« agent séparateur ». Il est extrêmement difficile, pour la mère comme pour l'enfant, de relâcher puis de dénouer ces liens très puissants. Car chacun a beaucoup à y perdre : le bébé doit progressivement abandonner son sentiment de toute-puissance sur sa

2. S. Tenenbaum, *L'Art de s'aimer sans mots*, Albin Michel, 2003, p. 84.

mère qui lui est toute dévouée, et réciproquement. Il s'agit bien d'une histoire de pouvoir (« j'ai tout pouvoir sur toi comme tu as tout pouvoir sur moi ») et donc d'aliénation et de dépendance mutuelles.

Voilà comment se passe la première relation d'amour d'un être humain, premier amour qui « sert de modèle à tous les amours ultérieurs[3] » puisque « celui auquel on s'adonne en conscience - en tant qu'adulte - ne peut que chercher à retrouver la toute première union jamais tout à fait désinvestie et toujours quittée à regret[4] ». C'est bien pourquoi les grandes lignes du schéma de la vie amoureuse sont déjà inscrites dans le tout premier amour : le présent reproduit ce qui s'est passé au début de la vie et l'histoire se répète indéfiniment, sans que quiconque en prenne conscience – exception faite des personnes qui prennent la peine de se pencher sur la question. Quand une rencontre a lieu, tout se passe comme si la petite enfance se réactualisait dans le présent : les besoins, les désirs remontent avec toute leur force et leurs exigences, ce qui explique une grande part du bouleversement émotionnel qui accompagne ce moment si intense.

« Tu vivras mes désirs »

Pendant la période de gestation, le père et la mère entament un processus ininterrompu de projections sur le bébé à naître : ils passent beaucoup de temps à l'imaginer et procèdent avec un peu d'avance à ce que font d'ordinaire les fées au-dessus du berceau. Ils multiplient les prévisions quant à son devenir. Prévisions qui contiennent l'ensemble des désirs conscients et inconscients qui les concernent eux-mêmes, c'est-à-dire ce qu'ils auraient voulu être ou vivre, ce qu'ils auraient aimé faire, ce qu'ils souhaiteraient que leur enfant vive et fasse pour eux, à leur place. Ils construisent une image qui se réfère à un idéal qui leur est propre et qu'ils projettent sur leur petit. « Les parents ont, dès l'aube de la vie de leur bébé, à compo-

---

3. A. Naouri, *op. cit.*, p. 167.
4. *Ibid.*

ser, à négocier, avec les insatisfactions, les manques des bébés qu'ils ont été[5] » et avec les insatisfactions et les manques qu'ils ressentent en tant qu'adultes.

Rappelons que les processus mentaux des tout-petits s'installent par la reproduction de ceux de leurs parents, conscients et inconscients. C'est un fait qui n'est pas évident pour les parents. Pourtant, « l'enfant que l'on porte en soi – qui vit toujours en chacun de nous – est à l'œuvre dans le style et les modalités par lesquels on tombe amoureux[6] ». Car c'est dans le plus jeune âge que l'on apprend la communication sensorielle (physique et mentale), celle qui préside aux relations amoureuses, sexuelles – et qui restera la même toute la vie.

Le nourrisson puis le petit enfant consacrent une bonne partie de son temps éveillé à observer ses parents : comment ils se parlent et comment ils vivent, leurs habitudes. C'est ainsi qu'il découvre son milieu familial, relais du milieu socioculturel – car tous les parents ne vivent pas et ne parlent pas de la même façon – et adopte les schémas mentaux de son environnement.

« Tu seras un homme, ma fille ! »

Les projections parentales s'appliquent aussi au sexe de l'enfant : de forts désirs accompagnent toute la grossesse, parfois tenus secrets ou clairement exprimés. C'est ainsi que, dès ses premiers mois de vie intra-utérine, « l'enfant est investi par les parents dans une identité propre qui inclut son sexe[7] ». Quand l'enfant paraît, il peut être accueilli avec plus ou moins de bonheur selon qu'il est un garçon ou une fille. Les échographies qui aujourd'hui dévoilent très tôt le sexe du bébé donnent le temps de s'y habituer, mais il existe bien

5. J. André, *Mères et filles. La menace de l'identique*, PUF, 2003, p. 37.
6. D. Dumas, *Sans père et sans parole. La place du père dans l'équilibre de l'enfant*, Hachette Littérature, 1999, p. 137.
7. J. Godfrind, *Comment la féminité vient aux femmes*, PUF, 2001, p. 25.

des parents qui sont fortement déçus, surtout lorsqu'ils ont une fille et qu'ils voulaient un garçon, comme la mère d'Alexia qui n'a pas voulu la voir pendant les trois premiers jours de sa vie parce qu'elle n'était « qu'une fille ». Cette attitude est plus fréquente chez les pères : « Mon père ne m'a jamais acceptée en tant que fille, j'ai donc été le "garçon manqué" obligatoire. Adolescente, mon père me traitait de p... quand je mettais une jupe. Je n'ai jamais entendu un seul compliment sur mon physique, ni de ma mère, ni de mon père. Aujourd'hui, à vingt-six ans, je ne sais pas très bien ce qu'est une femme. J'ai évacué les repères de mes parents, mais je ne sais pas quoi mettre à la place » (Pauline). Le cadeau de bienvenue laisse non seulement un goût amer, mais peut entraver gravement le développement de la féminité de ces petites filles.

« Tu m'appartiens »

Ce n'est pas seulement dans son identité sexuelle que la petite fille peut être touchée : le rapport des parents – et en particulier de la mère – au corps de l'enfant est fondamental pour son devenir amoureux. Un bébé, un petit enfant adorent jouer avec leur corps, le découvrir pour se l'approprier : n'en déplaisent à papa et à maman, le corps d'un enfant, quel que soit son âge, n'appartient qu'à lui-même. Même s'il nécessite pendant quelques années des soins qu'il ne peut se donner seul, ce manque d'autonomie ne doit pas avoir pour conséquence la prise de possession par les personnes qui s'en occupent, le plus souvent la mère. Car « il faut qu'on lui permette[8] » de s'approprier son corps, ce qui est loin d'être toujours le cas. Pouvoir se vivre physiquement et psychiquement comme un être séparé est l'un des plus beaux cadeaux que les parents puissent faire à leur enfant. Sinon, ce dernier risque de se croire la propriété de ses parents ; son corps tout d'abord, mais pas seulement. Et point n'est besoin de décrire les répercussions de cette possessivité sur l'avenir psy-

8. D. Dumas, *op. cit.*, p. 196.

choaffectif de cet enfant : il risque bien d'éprouver les plus grandes difficultés à devenir un adulte autonome.

Le modèle du couple parental

Si, pour les raisons que nous venons de décrire, l'enfance est fondamentale pour la vie amoureuse, l'exemple donné par le couple parental au cours de cette longue période a une grande influence. C'est pendant l'enfance et l'adolescence que vont s'installer les croyances – grâce aux déductions faites à partir d'observations – sur l'amour, sur le couple. De façon totalement inconsciente, la vie psychique des parents conditionne la construction et l'organisation de celle des enfants : « l'hérédité mentale [...] n'a pas d'autre origine que la psyché de nos parents[9] ». Il existe une infinité de modèles de couple, des plus positifs aux plus désastreux, mais il n'est pas question ici d'évoquer les graves dysfonctionnements familiaux.

La caricature du couple la plus habituelle est la suivante : une femme-enfant – parfois presque une petite fille – ou une femme-victime mariée à un homme sévère, autoritaire : figure traditionnelle du patriarche. Ce modèle est plus fréquent qu'on ne le croit, où le mari, qui frôle parfois la psychorigidité, interdit à sa femme et à ses filles toute velléité d'autonomie, de pensée libre et d'expression de leurs besoins et de leurs désirs. « Le modèle de couple de mes parents est un modèle que je ne voulais surtout pas reproduire et qui m'a conduite à avoir une certaine rancœur vis-à-vis des hommes en général. C'est un modèle où l'homme est le chef de famille à la sicilienne, avec un caractère de chien et des colères magistrales et où la femme soumise, dépendante, fait en sorte de ne pas faire de vagues. J'étais en colère contre les hommes dominateurs tout en les craignant et en colère contre les femmes qui ne se battent pas, tout en les plaignant » (Arielle). Mathilde parle des « interdits qui ont été posés (par le couple de ses parents) : celui d'être aimable et celui de réussir à fonder une

9. *Ibid.*, p. 118.

famille heureuse, tout simplement ». Il existe des variantes à ce modèle dit « classique », comme celle décrite par Emma : « Ma mère était la "mamma" : elle faisait la cuisine, prenait les grandes décisions, faisait tourner la maison. Elle était aussi la mère-poule-chienne-avec papa. » Ces exemples de couple ont conduit un grand nombre de femmes à proclamer violemment cette profession de foi : « Jamais je ne voudrais vivre ce qu'a vécu ma mère ! », « Plutôt rester seule toute ma vie que de vivre un couple comme celui de mes parents ! », « Je voudrais me libérer des rôles féminins traditionnels et vivre bien avec un homme ». Refus tout aussi péremptoire quand les rôles sont inversés : un père totalement écrasé par sa femme mégère et misandre – qui hait les hommes. « Mon père était totalement soumis, inféodé à ma mère. Il ne faisait pas de vagues, il était très, trop gentil » (Fabienne).

Dans les deux cas, il s'agit d'anti-modèles du couple épanouissant. Tout comme l'association père-baissant-les-bras et mère-victime-ou-dépressive, ou père-dépressif-victime et mère-« guerrière » qui n'a de cesse d'humilier son mari – en incluant tous les hommes dans ses critiques. Le couple d'« ennemis », trop fréquent, sert aussi de repoussoir aux jeunes femmes qui ont passé leur jeunesse à subir les querelles, les conflits de leurs parents. Les couples d'« amants-pas-parents » se rencontrent également : dans ce cas, les enfants, souvent considérés comme gênants, sont un peu trop délaissés. Ils se sentent « orphelins » – je connais une famille dont les enfants ont été, pour les vacances, placés dans un orphelinat… – et apprennent très vite à ne compter que sur eux-mêmes, à démythifier la fonction parentale, ce qui peut les amener plus tard à craindre de devenir parents à leur tour – ou à surprotéger leurs enfants pour compenser leurs propres manques. Voilà décrits rapidement quelques modèles de couples peu attrayants et l'on comprend bien le rejet qu'ils provoquent.

Les jeunes filles ont très vite décelé certaines failles dans le système parental et elles n'ont qu'une peur : reproduire malgré elles ces couples qui représentent la pire chose à leurs yeux. Elles n'en comprennent pas les causes et se demandent sur quoi ces unions ont pu se fonder et, surtout, comment elles peuvent durer. Pourtant, c'est au plus profond de ces creusets pas toujours agréables à vivre qu'elles se sont forgé leurs idées sur les rôles respectifs de la femme et de l'homme, sur l'amour, sur la relation amoureuse et sur la vie de couple. En les écoutant, je me suis aperçue que très peu d'entre elles peuvent décrire un modèle de couple parental ne serait-ce qu'acceptable : celles qui sont en mesure de le faire sont des exceptions. Ceci explique en partie cela... Il se peut aussi que le couple parental ait été tellement « idéalisé », « parfait », qu'il semble impossible à certaines femmes de vivre à leur tour un couple « de rêve ». Comme le dit Dorothée, « je rêve de vivre la même chose que mes parents ». Elle n'a pas encore pu imaginer sa propre conception du couple.

Voyons maintenant ce qui se passe entre une mère et sa fille, qui peut permettre de comprendre la douloureuse solitude des femmes.

2. Les relations mère/fille

Contrairement à la rumeur « qui ne cesse de semer le malheur[10] » selon laquelle les relations mère/fille ne sont que complicité, amour parfait, dévouement et bonheur, la réalité est tout autre et rien n'est plus difficile à vivre, pour la fille, que cette relation. Car si, traditionnellement, la mère a entre autres fonctions celle de comprendre sa fille, de la soutenir, de l'aider à devenir une femme épanouie, elle peut également installer de façon masquée et très indirecte une relation remplie de violence psychologique. Je suis bien consciente que ces mots ne sont pas faciles à lire (que l'on soit mère ou fille), mais il m'est impossible de faire l'impasse sur les grandes difficultés psychiques que les femmes connaissent avec leur mère. Et le véritable problème ne consiste pas à lire ce qui va suivre, mais à vivre ce qu'il décrit, et que connaissent un grand nombre de jeunes filles et de jeunes femmes.

10. A. Naouri, *op. cit.*, p. 163.

« Marie-toi mais ne te marie pas »

Combien, en effet, se plaignent d'avoir quasiment toute leur vie entendu ce message contradictoire – et totalement insoluble – venant de leur mère : « Marie-toi mais reste proche de moi », « Marie-toi mais reste indépendante », « Fais comme moi mais ne vis pas comme moi », « Ne te marie pas, mais j'aimerais bien être grand-mère un jour » : que faire ? Obéir à une partie du message signifie désobéir à l'autre, c'est ce que l'on appelle une double contrainte, de laquelle il est si difficile de sortir. Marie-Christine commence seulement, à trente-cinq ans, à sortir de l'impasse dans laquelle sa mère l'avait mise à l'adolescence avec cette injonction paradoxale : « Tu fais ce que tu veux, mais tu sais ce que j'en pense. » Il peut aussi s'agir de messages et autres formules inspirés par la dépression et/ou la misandrie de certaines femmes désabusées, trop déçues par leur propre mariage : « Marie-toi, mais tu sais bien comment sont les hommes ! », « Tous les hommes sont nuls, mais il faut bien se marier », « Il faut absolument que tu trouves l'homme de ta vie, mais tu sais, les hommes, ils ne sont pas faciles à vivre, c'est même très difficile d'arriver à être heureuse quand on est mariée ».

« Reste-moi fidèle »

La peur de la trahison entrave inconsciemment beaucoup de femmes qui, pour rien au monde, ne voudraient se montrer déloyales vis-à-vis de leur mère. Par déloyale, il faut entendre plusieurs comportements : être plus heureuse, quitter un lien « de chair et de sang », partir pour d'autres amours, couper un lien séculaire de transmission obligatoire d'une certaine idée de ce que doit être le féminin et en particulier la maternité, sortir délibérément – comme ont tenté de le faire des milliers de femmes dans les années 1970 – d'une ancestrale tradition d'infériorité de la femme. Comment faire souffrir délibérément la femme qui vous a tant aimée, plus qu'elle-même, qui vous a portée, nourrie, soignée, choyée, qui s'est dévouée nuit et jour et qui, finalement, n'attend qu'une chose : la fidélité ? C'est ainsi que s'est instaurée une sorte de contrat implicite mère/fille qui exige, en retour de tant d'amour donné, une loyauté pleine et entière de la part de la fille éternellement reconnaissante. C'est ainsi que nous pouvons parler du couple mère/fille. La mère de Johanna n'a pas supporté qu'elle vive avec un homme : elle lui a reproché de l'avoir « abandonnée », et je ne compte pas toutes les femmes enchaînées consciemment et inconsciemment à leur mère par crainte de la trahir ou de la « quitter » : « Je me suis sacrifiée pour ma mère, dit Karine. J'étais là pour la surveiller et veiller sur elle. Je vis encore en fonction d'elle et je me suis mariée mais elle ne le sait pas. »

Quelle plus grande violence que cette exigence maternelle, cachée, tapie sous des aspects tellement aimants ? Comment s'extirper de ces chaînes qui rendent impossible toute tentative de bonheur en dehors de cet amour tentaculaire ? Amour trop souvent jaloux et possessif : « "Aucun homme ne pourra t'aimer comme moi et autant que moi" » (Emmanuelle). En douceur, lentement, subtilement, la mère tisse une toile où elle tient prisonnière une fille démunie, peureuse, culpabilisée à la seule idée de s'en détacher. Car cette douceur est bien pire que des interdits clairement formulés face auxquels, au moins, la femme pourrait se rebeller, se révolter contre cette mère qui l'empêche de respirer sous d'autres cieux.

Les messages négatifs

Beaucoup de femmes se plaignent des critiques formulées à leur égard par leur mère, critiques qui peuvent être de nature différente. Une femme me disait, en parlant de sa fille de vingt ans : « J'ai dit dernièrement à ma fille qu'elle n'était pas belle, mais que ce n'était pas grave : elle réussit brillamment ses études et elle fera une belle carrière. » Le regard de Caroline s'attriste quand elle pense à ce que sa mère lui serinait : « Bon, tu n'es pas jolie, ça t'évitera bien des difficultés, crois-moi, tu as de la chance. » Une jolie jeune femme raconte que, pendant toute son adolescence, elle n'a entendu qu'un seul commentaire de sa mère : « Toi, jolie comme tu es, tu pourrais faire tourner toutes les têtes, tu pourrais avoir tous les hommes à tes pieds, mais tu n'es pas très intelligente alors il te faudra un homme plus âgé que toi », tandis que Catherine se souvient de la peur que sa mère a distillée en elle en lui disant : « Tu sais, les filles jolies n'intéressent pas les hommes bien ; avec toi, ils ne voudront qu'une chose, tu sais à quoi je pense. » Et Catherine a passé ses années d'adolescente et de jeune femme à tenter de s'enlaidir pour qu'on découvre « ce qu'il y avait à l'intérieur ». Aude se souvient de certaines phrases de sa mère qui n'a cessé de la « rabaisser » : « Tu es nulle », « Tu n'es qu'une sainte-nitouche », « Tu n'es qu'une bonne à rien ». Elle passait des heures à pleurer, seule, à intégrer l'idée qu'elle ne valait rien, jusqu'à devenir complètement mutique – enfermée dans le silence – pendant toute son adolescence. Hélène avait une mère « hyper-critique ». Elle lui disait : « Tout ce que tu fais est mal », elle l'humiliait devant ses amies et en famille et elle ne savait pas quoi inventer pour la punir : « Quand je ne voulais pas manger ou que j'avais du mal à m'exprimer, elle m'envoyait à la cave. » Marie, une toute jeune femme de vingt-quatre ans, passe sa vie à satisfaire ses parents et particulièrement son père en réussissant des études brillantes. Bourreau de travail, elle consacre sa vie à sa réussite universitaire, sachant que son père n'attend que ça. Tout se passe comme si elle tenait à réparer une faute : « Tu gâches la vie de ton père, s'il était moins inquiet à ton sujet, il pourrait me consacrer plus de temps et être plus heureux », lui avait reproché sa mère quand elle était adolescente. Ni son père ni sa mère n'avaient observé qu'elle était devenue anorexique – ce qui expliquait ses difficultés scolaires de l'époque. Aux yeux de sa mère qui l'aimait pourtant beaucoup, Sophia « passait pour une rêveuse qui ne valait pas grand-chose » : « toujours dure avec moi, elle ne me soutenait pas ».

Il peut aussi s'agir de messages apparemment positifs : « Qu'est-ce que tu veux de mieux : tu es jolie comme tout, de quoi te plains-tu ? » Tandis que d'autres peuvent conduire les jeunes filles à demeurer d'éternelles enfants : « Il te faudra un homme solide, tu as besoin que quelqu'un s'occupe de toi et je ne serai pas toujours là », « Tu devrais te marier avec un diplomate : tu auras beaucoup d'argent et tu seras tranquille ».

Les mères non maternantes

Un grand nombre de femmes déplorent l'incompétence ou ce qu'elles considèrent comme l'indifférence de leur mère à leur égard. Dans ces cas, les carences maternelles sont de plusieurs sortes : une mère peut se révéler plus épouse que mère ou plus femme que mère, vivant passionnément d'autres aspects de sa vie : ses amies, une activité, un métier, une passion, un amant... Il peut aussi s'agir d'une mère si peu disponible pour sa fille que cette dernière se demande si elle est vraiment importante à ses yeux ; ou encore enfermée dans son silence et ses problèmes de femme, ou bien pas assez protectrice pour sa fille. Car, malheureusement, il existe des mères non maternantes, des mères qui n'accompagnent pas leurs filles, ne les aident pas à devenir des femmes épanouies. « Ma mère m'a toujours considérée comme un bébé et j'ai le sentiment qu'elle n'a jamais voulu couper le cordon. Elle m'a toujours fait beaucoup de câlins, mais ne savait faire que ça. Je me demande si ce n'était pas elle-même qu'elle câlinait ! Aucun dialogue, aucune discussion : je ne pouvais lui parler de rien. Elle m'a exaspérée durant toute mon adolescence » (Agnès). Il peut aussi s'agir d'une mère trop dure : « dominatrice, autoritaire, vampirisante » (Fabienne).

Les mères ennemies des hommes

Les femmes ennemies des hommes – les femmes misandres – brossent à leurs filles un tableau du masculin tellement effrayant que celles-ci ne risquent pas de s'approcher des hommes en toute confiance. Beaucoup deviendront machistes, amazones, guerrières ou séductrices. Ces mères se vantent bien souvent d'être des femmes fortes, comme leur mère et leur grand-mère, qui savaient très bien « mener les hommes ». De mère en fille, elles se trouvent des maris qui doivent « marcher droit ». « Cette généalogie a comme particularité d'avoir peu à peu voué une sorte de culte au féminin[11] », inculquant aux filles du mépris pour les hommes, quand ce n'est pas de la haine. À leurs yeux, l'homme ne représente alors qu'un étalon et un pourvoyeur de biens. J'ai rencontré des femmes tellement misandres qu'elles obligeaient leur mari et leur fils à uriner assis !

La mère d'Emma l'a très vite mise en garde contre les hommes qui sont tous « incestueux potentiellement ». De toute façon, disait-elle, « ce sont les femmes qui vont vers les hommes et qui les choisissent ». Nous savons que ce sont les mères qui « font » les pères[12] dans la mesure où ce sont elles qui donnent sa place au père de leurs enfants - ou la lui refusent. Combien de mères se « réservent » ainsi leurs petits - leurs petites, surtout -, se les « gardent » en excluant le père ? Beaucoup, si l'on en croit ce qu'affirment bon nombre de femmes : « Ma mère a toujours humilié mon père devant moi », « Ma mère a été jusqu'à me mettre en garde contre mon père qui pouvait, selon elle, avoir des gestes déplacés vis-à-vis de moi », « "Les hommes sont tous des lâches", me disait ma mère », etc. Ces femmes, qui n'ont sans doute pas conscience du mal qu'elles font à leurs filles, ont oublié qu'elles ne font que répéter l'attitude de leur propre mère. Elles ont également oublié que leur mère n'avait pas non plus donné de place à leur père. Car l'histoire ne cesse de se répéter sans que quiconque, l'ignorant le plus souvent, ne puisse la contrôler. Les pères qui préfèrent se taire et s'enfermer dans le silence - et/ou dans l'alcool - représentent pour leurs filles les hommes « gentils », c'est-à-dire ceux qu'il faut fuir car ils ne sont pas virils.

En agissant ainsi, ces mères interdisent inconsciemment à leurs filles d'être heureuses avec un homme.

---

11. A. Naouri, *op. cit.*, p. 92.
12. S. Tenenbaum, *L'Art de s'aimer sans mots*, *op. cit.*, p. 82.

Les mères rivales

Vous le savez bien, il existe des mères qui considèrent leurs filles comme des rivales vis-à-vis de leur mari pendant leur enfance et leur jeunesse – et, plus tard, des autres hommes. Sabine obéit à l'« interdit inconscient de sa mère d'être une femme ». Comme son père n'aimait que les femmes très féminines et coquettes, elle a « obéi » à sa mère en ne portant que des pulls immenses qui cachaient son corps. En secret, elle rêvait d'être un garçon « pour avoir une sexualité active et autorisée ». Une jeune femme me décrivait récemment comment sa mère faisait tout pour l'enlaidir : vêtements trop grands et mal entretenus, cheveux coupés trop courts… Certaines mères ne prennent pas soin physiquement de leur fille, ignorant apparemment la honte qu'elle peut vivre. D'autres les critiquent sans arrêt sur leur poids, n'obtenant en général que des crises d'anorexie ou de boulimie – ou les deux le plus souvent. D'autres leur suggèrent, gentiment mais fermement, d'avoir recours à la chirurgie esthétique.

Pendant de longues et douloureuses années, les jeunes filles et les jeunes femmes ayant subi cette rivalité de la part d'une mère qui n'a songé qu'à les rabaisser ou à les humilier dans leur féminité se sentent impuissantes pour tenter de se révolter contre cette forme de défaillance maternelle. Devenues adultes, elles ont bien souvent des problèmes de poids et, surtout, un grand manque de confiance en elles, surtout dans leur féminité. Sophie a du mal à vivre une relation avec un homme : dès qu'elle en présente un à sa mère, cette dernière le « drague » ouvertement, se tient constamment toute proche, procède même à des attouchements sur lui. Sophie ferme les yeux, quitte cet homme et reprend sa quête… Encore une fois, elles ont toujours peur, inconsciemment, de trahir leur mère en « gagnant » la bataille : qui sera la plus belle ? Car ces mères ne peuvent pas admettre que leur fille devienne séduisante, qu'elle puisse attirer les hommes.

Les mères dépressives

On dit que c'est chez les enseignants que l'on rencontre le plus de dépressions nerveuses : je dirais plutôt que c'est chez les mères. Dépressives, elles ne s'aiment plus suffisamment pour être de « bonnes mères », leur capacité à aimer est enfouie sous trop de détresse. Ces dépressions peuvent revêtir des formes très différentes. La dépression peut être si forte que les mères qui en souffrent font de longs séjours à l'hôpital tandis que d'autres subissent ce que l'on appelle une dépression masquée : elles se terrent dans un silence et une forme d'indifférence de façon si intense que, dans la famille très proche, tout le monde devrait s'en douter. Dans tous les cas, la dépression est bien là, qui fait ses ravages : « Ma mère, que mon père a toujours trompée, portait sa croix en silence. Mon frère et moi étions les seuls témoins. Pourtant, elle ne s'empêchait pas de me dire que mon père était un minable, un salaud qui ne sait pas dire non » (Mathilde) ; « Ma mère était très dépressive et elle prenait tellement de médicaments qu'elle était toujours à moitié dans le coma » (Anne) ; « J'ai toujours connu ma mère malade ou presque malade : il fallait toujours se taire pour ne pas faire de bruit. Nous ne pouvions pas jouer. En plus, en tant que fille aînée, je l'ai remplacée auprès de mes deux frères. Je n'ai pas eu d'enfance, elle me l'a volée » (Claire). Ces dépressions maternelles verrouillent solidement la dépendance des filles, d'autant plus que bon nombre de mères déprimées ou malheureuses-victimes se montrent très dures et très exigeantes avec leur fille. Une jeune femme à qui je demandais de me décrire quel type de lien la reliait à sa mère dépressive m'a donné la description suivante : « J'imagine que ma mère est assise en face de moi : à ses poignets, de grosses chaînes sont enroulées, qui vont s'accrocher à mes poignets où elles sont aussi enroulées. Il n'y a aucun moyen de défaire tous ces nœuds. Ma mère n'a jamais supporté de s'être mariée avec un homme de niveau modeste, elle subit sa vie et je suis sa seule joie » (Emmanuelle).

Nombreuses sont les mères qui, sans toujours l'exprimer ouvertement, attendent de leur fille – en retour de leur amour total et eu égard à leur malheur d'exister – qu'elles comblent le grand vide narcissique dont elles souffrent, sans doute depuis fort longtemps. Ces mères ne savent pas, ne peuvent pas montrer leur affection à leur fille. Je pense à Élisabeth, dont la mère a vécu un divorce très traumatisant et qui ne s'en est jamais remise : « De toute façon, mariée ou non, on se sent toujours seule », disait-elle à sa fille qui a tout le mal du monde à s'échapper à la soumission de sa mère. Depuis ce divorce, quand elle n'avait que six ans, elle dit être traquée par cette femme qui l'empêchait de se rapprocher de son père et qui, aujourd'hui, la harcèle littéralement dans sa vie adulte, l'amenant à cette conclusion : « Si j'étais heureuse, je trahirai ma mère. » Cette relation est totalement symbiotique, au point qu'elle a la sensation d'être « le prolongement » de sa mère dont elle a repris certains comportements, comme le fait de se plaindre pour obtenir des marques d'attention. Apeurée à l'idée d'entrer dans une vie d'adulte responsable, elle reconnaît qu'elle est beaucoup trop dépendante de l'approbation de sa mère : « Il faut être en conformité avec elle pour lui plaire. » Pourtant, même si elle parle du « voyeurisme de sa mère » qui se mêle de sa vie intime, elle dit ne pas vouloir renoncer à cette dépendance.

Nul doute que ces mères ont elles aussi dû jouer ce rôle auprès de leur propre mère. C'est ainsi que, par le processus d'identification à la mère – processus nécessaire au cours du développement de la personnalité –, bon nombre de femmes ont intégré cette tristesse maternelle : à l'instar de leur mère, elles vont utiliser cette dépression comme une arme, une arme de victime bien évidemment, mais aussi de bourreau, et s'en servir à leur tour. Ainsi vont les histoires de mère en fille...

Les mères immatures

Point n'est besoin d'être une jeune mère pour être une mère immature : certaines le restent jusqu'à la fin de leur vie. Une mère immature est une mère qui n'a pas vraiment pris conscience de la gravité de sa responsabilité vis-à-vis de ses enfants. Cette immaturité peut se traduire de diverses façons et il faudra beaucoup de temps aux femmes qui ont subi une mère immature pour en prendre conscience. Car leur mère a souvent été une très bonne amie avec qui tout paraissait simple. Les mères trop « meilleure amie » ou trop « bonne copine » ne peuvent pas rassurer leur fille. Car il y a l'envers de la médaille qui révèle une mère infantile, trop fantasque et versatile, une mère qui ne sait pas réagir devant les difficultés, qui ne sait pas répondre aux questions de sa fille, une mère qui attribue à sa fille le rôle de confidente et qui se déverse sur elle au moindre problème. « Ma mère venait souvent me voir dans ma chambre pour me parler de ses relations avec mon père et se plaindre de lui. Je ne disais rien, mais j'étais très en colère d'entendre ce type de confidence » (Sophie) ; « Ma mère m'a toujours raconté sa vie extraconjugale. Elle me décrivait ses amants, faisant des tableaux comparatifs en me demandant mon avis : c'était insupportable mais je me taisais » (Claude). Ou encore une mère qui demande à sa fille de la materner : « J'ai toujours dit à ma fille qu'elle était une vraie bénédiction : je l'ai eue pour qu'elle s'occupe de moi et, depuis toute petite, elle fait ça très bien. » Or une fille n'a pas à materner sa mère : « Son couple se détériorant, lorsque je suis devenue plus grande, ma mère a cherché à faire de moi son amie et surtout sa confidente, jusqu'à me confier ses problèmes avec mon père, et parfois me reprocher de ne rien faire pour l'aider » (Arielle). Et que dire de ces mères restées adolescentes qui annoncent fièrement, quelques heures après leur accouchement : « Bon, maintenant, il faut que je rentre dans mon jean ! »

Les mères immatures, parfois infantiles, sont pour la plupart « autocentrées », c'est-à-dire qu'elles sont dans l'impossibilité et l'incapacité de s'occuper convenablement de leur progéniture car elles vivent dans le seul principe de leur propre plaisir. Elles ne remplissent pas leur rôle de mère auprès de leurs enfants que pourtant, sans doute, elles aiment, mais à leur façon. Cette forme de carence maternelle ne permet pas à leur fille d'intérioriser une idée positive du féminin et une « bonne mère intérieure » : il faudra du temps et sans doute une psychothérapie pour y parvenir. Car ces mères immatures sont incapables de montrer à leur fille ce que c'est qu'être une femme, ne l'étant pas elles-mêmes. L'identification est donc parasitée puisque le modèle possède trop de failles. Il existe en effet des mères – les médias les dénoncent de plus en plus – qui ne savent pas, par exemple, protéger leur fille contre l'inceste – du père, des frères, des hommes de la famille en général. « Tous les samedis, Oncle Georges venait me donner des cours de maths, ça se passait dans le bureau de mon père. Ma mère fermait ostensiblement la porte en me regardant droit dans les yeux. Elle savait très bien ce qui se passait et attendait la fin du cours en tricotant sur la terrasse » (Julie) ; « Ma mère se taisait quand mon père m'appelait, chaque dimanche matin, pour que je vienne un moment avec eux dans le lit : il ne portait pas de pyjama et ma mère ne disait rien. Quand je pleurais, elle ne savait que me bourrer de gâteaux et de chocolat » (Catherine).

Parmi les mères immatures, il existe aussi des mères que nous qualifierons de défaillantes : elles ont peur des questions de leur fille qui les embarrassent, les mettent mal à l'aise et auxquelles elles ne peuvent – ne veulent – évidemment pas donner de réponse. Ce sont généralement des mères qui ont elles-mêmes été maintenues dans un état d'enfance prolongée par leur propre mère et qui n'ont pas reçu la permission de grandir. Encore une fois, l'histoire se répète.

Les mères abusives

Certaines mères considèrent qu'elles ont tous les droits sur leur fille tout simplement parce qu'elles en sont les mères : leur corps, leurs sentiments, leurs pensées, leur vie privée leur appartiennent. « Ma mère continue à vouloir régenter ma vie alors que j'ai trente-cinq ans. Alors j'ai mis de la distance, dans un premier temps de façon involontaire (en trouvant un emploi à trois cents kilomètres de chez elle), puis volontairement j'ai réduit la fréquence de mes visites et leur durée. L'étouffement est tel que parfois je filtre mes appels téléphoniques. Elle ne comprend pas, par exemple, que, lorsque j'ai des vacances, je ne vienne plus les passer chez elle puisque je suis célibataire, ce que je faisais quand j'avais entre vingt-trois et vingt-cinq ans et que je venais juste de quitter ma famille. Elle ne comprend pas que, même célibataire, j'ai une vie, une maison à gérer, des ami(e)s... Elle ne comprend pas que je n'ai pas envie de tout lui confier » (Arielle).

Ce sont des mères terriblement intrusives qui pratiquent l'« abus de pouvoir » sur leurs filles sous prétexte qu'elles leur ont donné la vie. Cela peut se traduire par la lecture du courrier ou du journal intime, la fouille des tiroirs et parfois de la corbeille à papiers ou de la poubelle de la salle de bains. Cette ingérence, cette volonté de pouvoir et de contrôle peuvent aller beaucoup plus loin. Je me souviens de cette femme qui, à seize ans, avait reçu un petit mot d'un garçon de son école. Oh, rien de très indécent : il lui donnait un rendez-vous pour « vérifier un devoir de français ». Furieuse, la mère a emmené sa fille chez sa gynécologue, l'obligeant à subir un examen approfondi. Elle a d'ailleurs tenu à y assister elle-même ! Quand sa mère a découvert que Fabienne prenait la pilule – elle avait tout de même vingt-quatre ans ! –, sa mère l'a frappée en hurlant. Elle est un « bon » exemple de ces mères possessives, autoritaires, agressives parfois, et surtout pas affectueuses – capables même de chantage affectif vis-à-vis de leur fille pour obtenir ce qu'elles veulent : « Si tu avais un tant soit peu d'amour pour moi, tu ne te comporterais pas de cette façon ! »

Certaines mères abusives insistent longuement auprès de leurs filles pour en recevoir les confidences – pour conserver une maîtrise sur leur vie. Même les confidences les plus intimes et les plus précises. Et ce n'est ni par amour, ni pour montrer qu'elles s'intéressent à elles et qu'elles sont là pour les guider, les aider. C'est uniquement pour garder le contrôle sur elles. Sans oublier les mères « marieuses » qui se mêlent de ce qui ne les regarde pas : la vie amoureuse de leur fille et le choix de son futur mari. Si ces mères « duègnes » se font de plus en plus rares – les jeunes femmes savent maintenant davantage leur résister, quitte à mentir effrontément –, il en existe encore qui se permettent de donner leur avis sans qu'il leur soit demandé : « Ce garçon n'est pas pour toi, mais Éric est vraiment très bien, tu sais. »

L'ambivalence des sentiments

C'est ainsi que les filles et les femmes se retrouvent avec un grand nombre d'obligations psychoaffectives vis-à-vis de leur mère, contraintes qui viennent alourdir leurs ailes et parfois les empêcher de prendre leur envol en tant que femmes. Cet empêchement à devenir autonomes, cette mainmise de leur mère sur leur vie installent et maintiennent une ambivalence des sentiments : les filles éprouvent tout à la fois un amour infini pour leur mère – comme est infinie la nostalgie de la relation parfaite des premières années – et une haine qui les effraie et les culpabilise. Tout comme leur mère a aimé et haï sa propre mère... Car une mère est, parfois inconsciemment, perçue en secret comme aimante et dangereuse à la fois : « C'est ce jardin secret qui abrite haine et violence envers la mère[13] », haine et violence qui ne seront découvertes et exprimées que dans le cabinet du thérapeute, mais haine et violence qui vont empêtrer les femmes dans leur vie en général, amoureuse en particulier.

Car comment dénouer de tels liens ? Comment se sentir libre d'aimer ailleurs quand la mère réclame tout l'amour de sa fille au nom du sien ? Le chantage n'est pas rare : « Tu n'as pas de chance de m'avoir pour mère, n'aie pas peur, je ne suis pas là pour très longtemps[14] », ou « Après tout ce que j'ai fait pour toi, tu ne penses qu'à partir ! », « Depuis que ton père est parti, je n'ai plus que toi », et parfois les menaces : « Si tu pars avec cet homme, tu ne me reverras jamais ! », « Tu seras malheureuse, c'est moi qui te le dis ! », « Au moins, choisis un homme avec qui je puisse m'entendre, sinon nous ne pourrons plus nous voir ». « Je suis la famille de ma mère », se plaint Sylvie. Confidente, nounou, elle joue tous les rôles.

13. J. Godfrind, *op. cit.*, p. 75.
14. *Ibid.*, p. 189.

La séparation impossible

« Si j'éprouve du plaisir avec un homme, je vais me différencier de ma mère et ce sera la séparation à tout jamais » (Julie). Se séparer de sa mère signifie pour les filles non pas se fâcher, comme elles le croient trop souvent, mais devenir autonomes. Pourtant, cette séparation, si difficile, est considérée par beaucoup de jeunes femmes comme une véritable rupture, au même titre qu'une rupture amoureuse. Trop porteuse de culpabilité, elle paraît interdite tant le poids maternel la rend impossible. Comment « quitter » cette mère avec qui fut vécue la première relation d'amour ? Comment quitter cette mère qui est la même et donc si proche, qui, parce qu'elle partage un « même destin anatomique[15] », connaît si bien sa fille, femme comme elle ? Ce qui les relie peut donc aller jusqu'à la haine : haine de ne pouvoir devenir autonome, haine qui, une fois parvenue à la conscience, pourra seule permettre la véritable séparation – sans se fâcher, car ce ne sera plus nécessaire.

Cette si pénible et difficile séparation conforte les femmes dans l'idée qu'elles n'ont pas l'autorisation de s'octroyer un territoire qui leur soit propre, une façon de vivre qui leur appartienne. Un des premiers « devoirs » des filles envers leur mère consiste avant tout et surtout à ne pas être plus heureuses qu'elle dans leur vie affective : ce serait une véritable trahison ! Mathilde affirme qu'elle n'a pas eu la permission de réussir mieux que sa mère affectivement, car, dit-elle, « je ne peux pas la trahir ». Elle se sent bloquée par une contradiction dont elle a du mal à se sortir : « Si je réussis à vivre ce que je veux, je deviendrai une femme libre, mais ma mère pensera que je l'ai trahie et que je l'abandonne. »

Si elles se séparent de leur mère, la souffrance est au rendez-vous, une souffrance parfois intolérable. « Comment réussir à couper le cordon sans culpabiliser ni avoir peur de lui faire du mal, sans me

15. *Ibid.*, p. 70.

sentir moi-même comme un bateau à la dérive ? » (Amélie). Je pense aussi à Marie-Pierre qui décrit sa mère comme une « mante religieuse » et qui, bien consciente de son histoire particulièrement douloureuse, ne vit que pour la sauver tout en voulant s'en détacher : « Tant que ma mère ne sera pas heureuse, je ne pourrai pas l'être. » Bien qu'elle reconnaisse qu'elle vit « sous l'emprise totale » de cette femme, elle ne peut pas s'en séparer. Tout se passe comme si « un pacte de fidélité[16] » avait été signé entre les filles et les mères, les aliénant l'une à l'autre. Pacte trop souvent inconscient.

Aimer ailleurs signifierait affirmer sa différence et nous avons vu que la simple idée de différence impliquait celle de la séparation, de la rupture, de la fin de cette « union sacrée » installée depuis le début de la vie. Bien que de nombreuses femmes aient très peur d'être ou de faire comme leur mère, cette différence refusée est bien, à un autre niveau, un véritable empêchement de l'autonomisation.

La dépendance organisée

Plus le père est absent de la vie de sa fille, moins il joue son rôle, laissant ainsi toute la place à la mère, une place qui la valorise par défaut, plus le couple mère/fille constitue à lui seul une entité refermée sur elle-même, et plus la dépendance est forte. S'instaure ainsi une vision très manichéenne de la situation : « maman partout et parfaite, papa absent et fautif ». Quand, en plus, la mère s'est depuis toujours appropriée son bébé fille, la dépendance prend des proportions de plus en plus grandes jusqu'à devenir étouffante. S'installent alors des sentiments très ambigus parmi lesquels la colère ; si elle est écoutée, elle pourra devenir un argument de poids pour en arriver à la séparation « tout autant espérée qu'impossible[17] ». Élisabeth, dont nous avons parlé plus haut, explique que sa mère a « instauré un rapport très fort entre [nous], un rapport de dépendance ». D'autant plus

16. *Ibid.*, p. 104.
17. J. André, *Que veut une femme ?* Seuil, coll. Points, 1995, p. 38.

qu'elle a failli mourir en la mettant au monde, provoquant chez sa fille une culpabilité latente et chronique dont Élisabeth a beaucoup de mal à se défaire. Elle entretient vis-à-vis d'elle un comportement que l'on qualifie de « passif-agressif » : ce qui signifie que sa colère, qu'elle réprime le plus souvent – attitude passive – explose parfois quand « la goutte d'eau fait déborder le vase » – attitude agressive. Élisabeth ajoute : « J'ai peur de transmettre indirectement à mes enfants le même type de relation, et aussi d'être plus une mère qu'une amante. »

Contrairement à ce que nombre de femmes croient, ce n'est pas en devenant mères à leur tour qu'elles pourront se libérer de cette dépendance, leur propre mère pouvant parfaitement prendre le rôle de mère de cet enfant – et non pas de grand-mère. Anastasia est devenue mère très tôt : à vingt ans, elle accouche d'une petite Adélaïde que sa mère a immédiatement prise sous sa protection. Elle se l'est appropriée comme si elle était sa propre fille, soutenue en cela par son mari – le grand-père d'Adélaïde – qui, venu les voir à la clinique, a souri en disant : « On ne sait pas qui des deux est le bébé »... Anastasia s'est trouvée totalement démunie devant l'attitude de ses parents : quand elle est rentrée chez elle, sa mère avait acheté un autre berceau et fait disparaître celui qu'elle avait préparé. Elle s'est sentie complètement régresser et a dû faire des efforts énormes et constants, pendant des années, pour se réapproprier sa fille.

Très peu de femmes osent aborder le sujet de la dépendance à leur mère : « Je sens un lien très fort dont je ne mesure pas toutes les conséquences et j'ignore tout ce qu'il implique » (Annick) ; « J'explique mes erreurs dans mes choix amoureux par le fait que je reproduis ce que ma mère a vécu, dans le sens où je me dis que, moi non plus, je n'ai pas droit au bonheur » (Louise) ; « À mon premier flirt, j'ai eu envie de vomir : j'avais le sentiment de ne plus être la petite fille de ma mère, j'étais très mal » (Barbara) ; « Je suis toujours dans l'ombre de ma mère » (Florence) ; « J'ai peur de déplaire à ma mère en restant seule et en rencontrant un homme qui me convient, je ne sais pas quoi faire » (Cécile).

Comment pourraient-elles se plaindre d'avoir une mère qui les aime, qui est si proche d'elles ? Cela friserait l'indécence. Surtout lorsqu'il s'agit d'une « trop bonne mère », comme le dit Clarissa Pinkola-Estès[18], celle qui « surprotège ». Pourtant, si elle refuse de quitter la scène au moment où sa fille grandit et décide de sortir de ses trop doux filets, elle risque bien de se voir « repoussée comme une mauvaise mère[19] ». Trop mère, mère qui a oublié de vivre en tant que femme, cette mère trop enveloppante ne peut accepter que sa fille en devienne une. Celle-ci se trouve ainsi contrainte – si elle ne réagit pas – à rester « la fille de sa mère[20] ». Ou, si elle parvient à construire une relation avec un homme, ce dernier risque bien un jour ou l'autre d'avoir à subir une retombée de « pluies acides ». Car un jour ou l'autre, la violence se réveille, explosant tel un volcan et blessant les partenaires qui ne comprennent pas cette intensité.

Voilà, très rapidement esquissé, un tableau des relations mère/fille qui font partie des nombreuses raisons empêchant beaucoup de femmes de vivre pleinement leur féminité et une vie affective épanouie. Nous avons entrevu « la dimension souterraine[21] » de ces relations, dimension souvent ignorée et qui entrave les femmes dont le premier souci semble être d'éviter à n'importe quel prix – même au prix parfois de leur équilibre psychologique et affectif – de faire souffrir leur mère, de lui infliger une blessure qu'elle ne mérite pas. Son amour serait ainsi bien mal « payé ». Se questionner sur ces relations peut, de façon générale, aider les femmes à prendre conscience de leur situation, ce qui sera important pour leur devenir.

18. C. Pinkola-Estès, *Femmes qui courent avec les loups*, Grasset, 1996, p. 165.
19. C. Eliacheff, N. Heinich, *Mères-filles, une relation à trois*, Albin Michel, 2002, p. 65.
20. *Ibid.*, p. 71.
21. D. Dumas, *op. cit.*, p. 204.

3. Le rôle des pères

Le père joue non seulement le rôle de séparateur entre la mère et la fille, mais il est aussi le premier homme que connaît cette dernière. Il contribue à « conditionner » les relations qu'elle va instaurer avec le masculin. De façon générale, alors que la mère apporte la sécurité et la douceur à la maison, le père a pour tâche de donner des cadres à ses enfants et de les faire sortir de ce cocon douillet pour leur faire découvrir l'extérieur tout en les protégeant. C'est pourquoi son attitude est fondamentale pour sa fille et son rapport au monde. Les carences paternelles peuvent donc se révéler dramatiques pour nombre de femmes dont « les relations avec le masculin ont été endommagées par un père inadéquat[22] ».

Les carences paternelles

De nombreuses femmes sont à la fois pleines de tristesse, de rage et d'amertume vis-à-vis de leur père qui leur a fait subir des relations inadéquates, parfois même dommageables, les empêchant ainsi en même temps de se sentir bien dans leur féminité et d'entretenir des rapports sains et épanouissants avec les hommes. « Mon père m'a toujours ridiculisée quand j'osais affirmer que je voulais être une femme indépendante ; depuis, j'ai l'impression d'avoir vécu endormie » (Mathilde). Ces pères ne se sont pas « occupé de leur fille de manière responsable et engagée[23] ». Cette attitude trop souvent immature a entraîné chez les jeunes filles la construction d'images nocives et dégradées à la fois d'elles-mêmes et des hommes, les laissant dans un sentiment d'incompréhension, parfois de rejet, qui aura des retentissements directs sur la représentation qu'elles se font d'elles en

22. L. Schierse Leonard, *La fille de son père*, Le Jour éd., 1990, p. 26.
23. *Ibid.*, p. 32.

tant que femmes et sur leur représentation des hommes. La plupart vont mettre en œuvre une quête insatiable et souvent désespérée de l'amour de ce père : « J'aimerais tellement qu'un jour mon père me dise "je t'aime" », soupire Johanna. « Une nuit, à treize ans, j'ai eu très peur de moi, je n'avais qu'une envie : aller étrangler mon père. Il était trop invivable, j'avais même honte de lui et il n'était jamais disponible pour parler. J'avais aussi très peur de lui ressembler : il était tellement mou ! », « Mon père, adepte du nudisme, se promenait toujours nu à la maison, même devant mes amies : je mourais de honte jusqu'au jour où je n'ai plus invité personne à la maison ».

Les pères absents

La grande majorité des femmes rencontrées déplorent l'« absence » psychoaffective de leur père. Cette lacune semble due à plusieurs raisons. Les mères ne leur ont pas donné leur place en tant que pères, quand elles ne les ont pas abondamment méprisés, critiqués, parfois même humiliés et tellement dévalorisés devant leur fille, que celle-ci n'a pu se forger une image positive du « premier homme » de leur vie, leur laissant ainsi toute liberté pour se construire un Prince charmant... Il se peut aussi que le père ait tellement le sentiment d'être un intrus dans le couple mère-fille qu'il renonce à jouer son rôle qui est d'établir un « triangle » sain et nécessaire à l'équilibre de l'enfant : le père, la mère et l'enfant. « J'ai longtemps eu l'impression que mon père était indifférent à ce qui m'arrivait. Lui demandant un jour de s'en expliquer, il m'a dit que j'étais "la fille de ma mère", qu'il la laissait tout décider. C'était de sa part une preuve d'amour pour elle » (Anne-Sophie). L'image du père, très négative puisque empreinte d'une absence interprétée comme de l'indifférence, inhibe la création d'une représentation positive des hommes. Le père se referme sur lui-même et déclare forfait, s'effaçant devant une mère omnipotente. Il ne trouve pas en lui l'énergie ou la volonté de prendre sa place de père et baisse les bras, abandonnant l'autorité, les décisions, le pouvoir à sa femme. À l'opposé d'un modèle masculin positif, il n'apporte aucun soutien à sa fille pour l'aider à sortir de l'emprise maternelle. Ce faisant, il donne l'image d'un homme faible, quasi inexistant, « manquant » comme le dit Guy Corneau[24], inapte à équilibrer la relation de la mère avec sa fille et à soutenir cette dernière dans son désir de séparation et d'autonomisation.

Il peut aussi s'agir d'une attitude délibérée des pères trop absents : s'ils ont souvent su entourer leur petite fille d'une véritable affection et la lui exprimer par de réelles marques d'amour, ils l'ont « abandonnée » quand elle est devenue adolescente, freinant considérablement le développement heureux de sa féminité et la privant de cette présence masculine si nécessaire et tant désirée. Ces pères, Guy Corneau les qualifie de « prudes » : parce qu'ils ont intégré l'inhibition de l'inceste - tabou universel - et qu'ils veulent protéger leur enfant d'eux-mêmes, ils « infligent à leur fille adolescente leur première grande peine d'amour[25] » en lui refusant toute marque d'affection. Car « le père prude a tendance à sexualiser toute marque d'affection ou de tendresse[26] » envers sa fille. Elle ne se sent pas aimée, ne reçoit pas ce qu'elle attend de son père. Pourtant ses attentes sont bien légitimes.

Ces pères qui n'ont de père que le nom paraissent se désintéresser de ce que vivent leurs filles, disqualifiant leur fonction. Traditionnellement, l'éducation des enfants, et surtout des filles, incombe à la mère : c'est ce mode d'« élevage » qu'ils privilégient, le trouvant naturel. « J'ai appris que, bébé et toute petite, mon père ne m'avait jamais tenue dans ses bras. "C'est pour les femmes", disait-il. Je pense aussi que c'était plus dû à sa maladresse et au fait de ne pas savoir exprimer ses émotions. Pour retenir son attention, petite fille, j'ai essayé de me comporter comme un garçon (attitude, vêtements, coupe de cheveux, sport...) et je crois que je garde une partie de cela en moi aujourd'hui dans mon besoin de maîtriser les choses, d'être indépendante et de me convaincre que je n'ai besoin de personne » (Arielle). Un père qui s'investit totalement et uniquement

24. G. Corneau, *Père manquant, fils manqué*, Éd. de l'Homme, 1989.
25. G. Corneau, *N'y a-t-il pas d'amour heureux ?*, Robert Laffont, 1997, p. 84.
26. *Ibid.*

dans sa vie professionnelle – un « héros » du travail – n'attend qu'une chose : la paix dans son ménage. Il est décrit par Clarissa Pinkola-Estès comme « une ombre qui se met au placard avec son manteau en rentrant chaque soir[27] ».

Face au mutisme de son père, à cette carence affective, l'adolescente va penser que si son père ne s'intéresse pas à elle, c'est évidemment parce qu'elle n'est pas « aimable » au sens premier du terme. « Elle se déprécie et idéalise l'homme et remplit le vide avec le fantasme du Prince charmant[28] ». Silence et indifférence du père contribuent à inhiber l'installation de la confiance en elle et de l'estime d'elle-même chez la jeune fille. Elle croit devoir devenir la plus grande séductrice afin de plaire aux hommes pour tenter de réparer la relation avec son père. Ou bien elle accumulera tellement de colère contre les hommes qu'elle deviendra une « amazone » ou une guerrière, histoire de leur faire payer les faiblesses de son propre père. Certaines jeunes femmes ont trouvé une autre solution pour retenir une attention positive de la part de leur père : s'identifier à lui et à ses valeurs masculines de maîtrise, d'ambition et de réussite professionnelles. Quel que soit leur choix, ces femmes risquent de rester trop longtemps des adolescentes qui se cherchent et qui se trouvent comme empêchées de développer la femme qui est en elles.

Face à son père absent, la petite fille (et, plus tard, la jeune fille) se donne un mal fou pour faire ce qui lui plairait, pour obtenir des marques d'affection qui lui manquent cruellement. Ce qu'elle aura appris à faire dans son enfance et son adolescence, elle continuera à le faire avec des hommes adultes, cherchant sans relâche à obtenir leur amour, se conduisant en « bonne » femme après s'être appliquée à être une « bonne » fille.

---

27. C. Pinkola-Estès, *op. cit.*, p. 169.
28. G. Corneau, *op. cit.*, p. 71.

Les pères trop autoritaires et critiques

S'il est normal - voire conseillé - aux pères de savoir donner des cadres à leurs enfants et de manifester une certaine autorité, l'abus de cette dernière peut entraîner des conséquences graves chez leur fille. Je parle des pères qui vont trop loin dans leur volonté d'apporter un certain sens de l'ordre et de la discipline à leurs enfants. Ils dépassent alors largement leur fonction qui, entre autres, est de donner la loi en nommant les interdits : ils les privent de leur affection - ce qui ne veut pas toujours dire, encore une fois, qu'ils en sont dénués. Ils ne la montrent pas, considérant qu'ils feraient preuve de trop de faiblesse ou que ça ne serait ni très « éducatif » ni très viril. Eux aussi se reposent entièrement sur la mère pour s'occuper des enfants, surtout quand ils sont petits. Ils manient facilement l'ironie sarcastique pour se défendre d'exprimer quelque sentiment affectueux que ce soit.

Quand il ne s'agit pas, bien sûr, de pères qui, inconsciemment, tentent par leurs abus de pouvoir sur leurs enfants de réparer leur propre relation avec un père lui-même trop absent, qui leur a manqué. Ou qui, jaloux de la relation de leurs enfants avec leur mère, se vengent en tentant ainsi d'exister par leur autoritarisme débordant. Ou encore, ils ont eu une relation déplorable avec leur propre mère et ils prennent leur revanche sur leur fille en la soumettant à un excès de sévérité à laquelle s'ajoute parfois une violence verbale totalement inadéquate. Monique a toujours cherché l'approbation de ses parents, en particulier celle de son père qu'elle a constamment voulu ménager pour éviter ses colères - et elle n'est pas la seule. Le père de Valérie se montrait « grossier, violent, très ambitieux, très fort, mais il ne jouait pas son rôle de père. Je le détestais et, en même temps, j'ai toujours cherché à le séduire par des études brillantes. Aussi pour lui prouver que je valais autant qu'un garçon, car il ne cessait de dire "Une fille, c'est pas grand-chose". Il disait à ma mère de m'habiller avec les affaires de mes frères parce que c'était plus "pratique" ».

Car certains pères ne cachent pas leur mépris et leur rejet - ceux qui ont intégré les conceptions machistes ou qui sont carrément misogynes - pour la féminité naissante de leur fille qui voudrait pouvoir s'affirmer dans la sécurité du regard paternel : « Mon père m'a toujours appelée "mon petit boudin" », « À seize ans, mon père m'a dit : "Tu n'es qu'une m..., tu ne feras rien dans la vie" », « Mon père a toujours été obsédé par mon poids ».

Quant à la violence physique, qui malheureusement existe, elle produit les mêmes ravages, mais avec une ampleur souvent décuplée. « J'ai perdu ma féminité en me confrontant à mon père, déplore Annick, j'aurais vraiment préféré être un garçon pour pouvoir me battre physiquement avec lui et ne pas toujours subir sa violence comme l'a fait ma mère. » Cette forme de maltraitance a des conséquences catastrophiques qui vont littéralement empoisonner les relations des femmes avec elles-mêmes, bien sûr, mais aussi avec les hommes : leurs choix se porteront, comme dans un cercle infernal, sur des hommes qui, le plus souvent, les frapperont à leur tour.

Quelles qu'en soient les raisons, ces pères trop autoritaires semblent n'attendre de leurs filles que de l'obéissance alors qu'elles espèrent mais en vain - souvent toute leur vie - des encouragements à être ce qu'elles sont et à s'épanouir. « Pourtant, j'attendais de lui de l'attention, du réconfort ; j'aurais tellement aimé qu'il me prenne dans ses bras, qu'il me dise qu'il m'aimait et que j'étais la plus jolie des petites filles, qu'il me donne confiance en moi, dans les autres, dans la vie, qu'il m'aide à trouver les outils pour affronter la vie et le monde du travail. Mais il était tellement autoritaire et coléreux et, je m'en rends compte maintenant, très peureux, trouillard. Ce qui m'étonne le plus, c'est qu'à la maison, il exerçait son rôle de chef de clan avec toute l'autorité requise et le manque de communication qui va avec et qu'à l'extérieur, il passait pour quelqu'un de très communicatif et jovial. Il jouait un rôle, mais dans lequel était-il vraiment lui-même ? » (Arielle)

Les interdictions de sortir, de s'habiller comme elles le désirent, d'avoir des amis ou des petits amis - ou qui sont tellement critiqués qu'ils sont délaissés pour avoir la paix - enferment les jeunes filles dans des rêveries romantiques irréalistes, quand elles ne se révoltent pas. « Adolescente, j'étais en rébellion contre mon père parce que je n'avais aucune autorisation pour faire ce qui me plaisait (sortie, danse, boums, petit copain, ami(e)s à la maison...). Je ne demandais rien mais une guerre non verbale a perduré jusqu'à ma majorité. Sur le plan affectif, j'ai agi en réaction à mon père, ce qui m'a conduit inconsciemment à me fermer aux autres, à ne pas être suffisamment lisible, à saborder sans le savoir toutes les relations affectives et à me réfugier dans la colère contre les hommes, à leur en vouloir terriblement. Je me suis protégée et j'ai formé une carapace que personne ne pouvait franchir » (Arielle). Leur rébellion peut d'ailleurs s'avérer parfois extrêmement dangereuse quand elles tombent dans l'excès de désobéissance : elles repoussent alors toutes les limites et se mettent dans des situations très périlleuses pour leur intégrité tant physique que psychoaffective.

Ainsi, plus tard, certaines reproduisent le modèle paternel et sont aussi exigeantes et dures avec elles et les hommes que l'a été leur père – si elles n'adoptent pas l'attitude totalement opposée en recherchant des compagnons avec lesquels elles se montreront soumises et dépendantes.

Les pères éternels adolescents

Certains pères n'ont pas grandi. Comme des adolescents, ils sont encore en révolte contre toute forme d'autorité et, refusant toute limite pour eux-mêmes, ne savent pas en mettre à leurs enfants. La plupart du temps, ils ignorent l'autodiscipline et refusent de devenir adultes. Ils se montrent alors inaptes à prendre leurs responsabilités en tant que pères. Souvent charmants, gais, insouciants – mais négligents –, ils présentent une image très agréable et leur présence est légère, contrairement aux pères précédemment décrits. Pourtant, ils contribuent à installer chez leur fille un fort sentiment d'angoisse et d'insécurité liées à l'excès de liberté qui lui est donnée. En effet, comment s'appuyer sur un père adolescent ? Comment des femmes peuvent-elles respecter les hommes « quand leur père s'est comporté comme le premier des enfants de leur femme[29] », comme quelqu'un qui voulait avant tout se faire dorloter et prendre en charge par sa femme ? Comment se sentir soutenue, protégée par un père qui appelle son épouse « Maman » ? Comment faire confiance à un homme si indulgent ou complaisant avec lui-même ? À l'instar de Peter Pan, ces pères ont refusé de devenir des hommes adultes et l'image masculine, une fois encore, est ternie. Ils ont d'ailleurs très peur de vieillir : ils font partie des meilleurs clients des cliniques de chirurgie plastique, des salons de beauté pour hommes et des salles de musculation. La jeune fille ne pourra que se ranger aux critiques de sa mère vis-à-vis des hommes – et se mettre à rêver du Prince charmant, si viril...

Il est impossible pour un éternel adolescent de devenir père et de remplir la fonction paternelle. Je pense à cet homme, fils unique, qui était littéralement l'idole de sa mère avec qui il a vécu une relation totalement fusionnelle. Il semble n'avoir jamais voulu grandir pour ne pas avoir à se séparer psychologiquement de cette femme – qui, dit-il, « s'est laissée mourir quand il s'est marié ». Devenu père, il ne s'est « occupé » de ses enfants qu'en jouant avec eux, en créant une atmosphère familiale ludique et joyeuse, mais très insécurisante. Ses deux filles se disent « désemparées » à l'idée d'avoir à leur tour une vie affective. « Je n'ai pas envie de créer une famille », dit l'aînée, « j'ai trop vu ma mère tout prendre en charge. Je suis sûre que tout aurait été plus facile si elle nous avait élevées seule : mon père s'est toujours conduit comme un enfant capricieux et exigeant et nous devions, ma mère, ma sœur et moi nous occuper de lui. » Chez ces pères adolescents attardés, la relation à l'enfant ne relève en rien de la paternité.

Les pères volages

Il existe aussi des pères Don Juan, qui ne se cachent pas – ou si mal et si peu – pour mener une vie amoureuse en dehors de leur vie

29. D. Dumas, *op. cit.*, p. 28.

conjugale. Il arrive que les filles apprennent leurs infidélités par hasard (Annette avait douze ans quand elle a découvert que son père avait une maîtresse), mais elles peuvent aussi bien les découvrir par les confidences de leur père : « Surtout, ne parle pas de tout ça à ta mère », ou par les lamentations de leur mère qui trouve normal de se plaindre auprès de sa fille : « Ton père ne m'a pas touchée depuis plus de deux mois, tu sais bien qu'il a une maîtresse, qu'est-ce que je vais devenir ? » ; réponse de la fille : « Tu n'as qu'à faire chambre à part » ; indignation de la mère : « C'est tout ce que tu trouves à me répondre ! » ; réponse de la fille, au grand dam de la mère : « Maman, laisse-moi, il est trois heures du matin, ce ne sont pas mes affaires ».

La jeune fille n'a qu'une envie : se boucher les oreilles, ne plus entendre cette mère plaintive, ne plus rien entendre sur ce père infidèle. Mais le poison est bien là, distillé par l'attitude une fois de plus immature de ses parents : « Je ne pourrai jamais croire qu'un homme puisse être fidèle. » Comment pourrait-elle réagir autrement ? Ce père peut se montrer très charmant avec elle, peut-être pour échapper à son jugement ou la séduire, mais il lui est impossible de lui faire confiance.

Les pères qui aiment trop leur fille

Nous rencontrons aussi des pères qui aiment trop leurs filles, qui les tiennent tellement dans les filets de leur amour qu'elles se trouvent totalement empêchées d'aimer un autre homme. Elles n'en ont pas reçu la permission inconsciente : prisonnières de l'amour de leur père, il leur est interdit de devenir une femme épanouie dans les bras d'un autre. Ce « petit Papa chéri » se révèle être un véritable fléau pour la demoiselle dont il se sert pour flatter un narcissisme sans doute absent ou défaillant. « J'ai peur de déplaire à mon père », confie Sabine qui a beaucoup de mal à s'attacher à un homme ; « Mon père se montrait jaloux de mes copains » (Hélène). Pour leur plaire et conserver leur amour, les filles vont tout faire pour satisfaire les attentes exigeantes de leur père : se tuer au travail pour obtenir une réussite professionnelle – ou sportive – exceptionnelle, devenir son indulgente confidente et sa complice, devenir infiniment séductrice pour continuer à supplanter sa mère... D'autant plus que cette mère se trouve souvent dans l'impossibilité de jouer son rôle de mère, surtout quand le père fait tout pour l'éloigner : « Tu es mon sang, disait son père à Catherine, ta mère n'est qu'une étrangère. »

Nous sommes là en présence d'un couple père/fille très dommageable pour cette fille qui, devenue femme, ne voudra pas trahir son père. « Mon père est l'homme de ma vie, je n'en rencontrerai aucun comme lui. Il n'y a qu'avec lui que je me sens bien » (Michèle).

Ces « maladies de la paternité[30] » sont graves et, malheureusement, elles ne sont pas rares. Plus graves encore sont les problèmes dus à des conduites incestuelles ou incestueuses de la part de certains pères, plus nombreux qu'on ne peut l'imaginer. Ces traitements impardonnables engendrent chez la femme qui les a subis, vous vous en doutez, d'immenses difficultés : elle ne pourra vivre un « développement normal puisque le traumatisme inscrit dans la mémoire fait désormais partie de son histoire comme un fantôme qui l'accompagne[31] ».

4. L'inceste des pères

Qu'y a-t-il de pire à vivre pour une fille que d'être utilisée, trahie par son père dont le rôle est de la protéger alors qu'il s'est servi d'elle ? Qu'y a-t-il de plus douloureux pour une fille que d'être blessée si profondément jusque dans son corps par cet homme dont elle attendait l'amour et le respect ?

30. D. Dumas, *op. cit.*, p. 48.

31. B. Cyrulnik, *Le Murmure des fantômes*, Odile Jacob, 2003, p. 19.

L'inceste des pères, un crime

D'autant plus que l'inceste se produit le plus souvent dans les familles où règne un climat incestuel, c'est-à-dire où la prohibition de l'inceste n'est pas suffisamment intégrée en profondeur. Ce qui signifie que, malheureusement, cette pratique est trop souvent observée dans un même milieu familial sur plusieurs générations et qu'il n'existe quasiment pas d'inceste isolé. Je me limite à l'inceste paternel, mais nous savons bien que cette pratique n'est pas réservée aux seuls pères : nombre de frères, oncles et grands-pères le pratiquent, quand il ne s'agit pas de l'inceste maternel, plus rare mais qui existe.

Comment surmonter une telle transgression, un tel abus de pouvoir de la part de ces pères pervers ? Un individu pervers sexuel - quelle que soit la forme de sa perversion - ne tient absolument pas compte des conséquences de ses actes : il se sert de sa victime à la seule fin de son propre plaisir. La plupart du temps, et c'est bien le comble, les filles ressentent de la culpabilité. Elles se sentent évidemment souillées, mais bien qu'elles aient été abusées par le « premier homme » de leur vie, elles vivent cet acte - qu'il ait eu lieu une seule fois ou qu'il ait été perpétré pendant des années - comme si elles en étaient coupables... Le travail thérapeutique consiste, pour rétablir la justice, à les faire passer de ce rôle à celui de victimes, victimes qu'elles sont réellement. Pourtant ce n'est pas si simple : « Je n'arrive pas à éprouver de la colère contre mon père, à lui en vouloir », « C'est comme s'il était un prolongement de moi, je ne peux pas lui en parler en face, je le blesserais », « Je ne peux pas lui en vouloir, il n'a pas pu se contrôler, ce n'était qu'un geste malheureux » sont des phrases fréquemment entendues. Comme s'il était impossible de se confronter à la réalité : leur père s'est conduit en véritable prédateur.

Lorsqu'elles ont le courage de s'attaquer à eux de manière frontale, elles ont rarement droit à une reconnaissance des faits. Elles entendent des réponses telles que : « Oui, bon, d'accord, mais c'était un jeu, tu ne vas pas en faire toute une histoire ! », ou bien « Qu'est-ce que tu me chantes ? C'est de l'amour ! », « Mais qu'est-ce que tu t'es mis dans la tête ? Tu es complètement folle ! Parler d'inceste quand il n'y a que de l'amour ! », « Oui, et alors ? ». Quand le père reconnaît ce qu'il a fait, la femme peut plus facilement admettre qu'elle n'est qu'une victime. Mais quand le père renie complètement ses actes, ce changement de statut est beaucoup plus difficile à opérer.

Séducteurs abusifs, dépravés, manipulateurs, pervers, ces pères agissent « dans le silence, un silence qui cache des mensonges meurtriers[32] ». Aucune excuse, aucune compréhension ne peuvent amoindrir la gravité de ces actes, puisqu'il s'agit bel et bien d'un crime dont les conséquences sont gravissimes, quand elles ne sont pas irrémédiables tout au long de la vie de ces femmes blessées.

Si un enfant est sacré, son corps l'est tout autant et il n'appartient à personne, même pas à ses parents. Pendant longtemps, les victimes abusées par leur père n'ont pas été entendues : le *pater familias* avait tous les droits, se les donnait et ils étaient reconnus. Aujourd'hui, la société commence à considérer l'inceste autrement, mais il est tellement difficile pour une femme d'accuser publiquement son père que beaucoup se terrent dans le silence, emprisonnées dans l'humiliation et le dégoût d'elles-mêmes. Elles subissent vaille que vaille le désamour et le non-respect qu'elles éprouvent vis-à-vis d'elles, n'imaginant même pas que la faute puisse être, d'une façon ou d'une autre, « réparée » – dans la mesure du possible, car les traces sont indélébiles. Sous la culpabilité bouillonne la haine vis-à-vis de ce père monstrueux – certains utilisent encore le terme de « défaillants », mais il est impropre à un tel acte, car trop indulgent – que pourtant certaines aiment encore.

Les mères pas toujours innocentes

Quand les mères ne s'en mêlent pas ! Nous avons parlé précédemment de cette jeune fille qui, depuis sa plus tendre enfance, rejoignait tous les dimanches matin ses parents dans leur lit, son père

32. G. Corneau, *op. cit.*, p. 78.

étant nu et sa mère se taisant, restant sourde à l'expression de ses angoisses. Souvenez-vous, quand sa fille se mettait à pleurer, elle lui donnait des gâteaux. Ce climat incestuel et l'attitude de sa mère ont provoqué de graves dysfonctionnements psychiques et elle faisait régulièrement des cauchemars au cours desquels un vieillard entrait dans sa chambre pour la violer. Devenue une jeune femme, elle panique littéralement à l'idée d'avoir une relation avec un homme.

Car il arrive que les mères sachent ce qui se passe et ne disent rien – quand elles ne participent pas à l'horreur, telle cette mère qui assistait à certains ébats de son compagnon avec sa très jeune fille. Lorsque cette dernière, de longues années plus tard, a trouvé en elle l'infini courage de lui en parler, elle l'a d'abord frappée en l'insultant puis lui a dit, sarcastique : « N'empêche, tu prenais bien ton pied, alors ne viens pas te plaindre ! » Comment croire en l'amour ? Il arrive aussi que les mères de ces pères – en l'occurrence les grand-mères – protègent farouchement leur fils, imposant le silence sur leurs passages à l'acte, empêchant ainsi que « justice soit faite ». En adoptant ce comportement, en prenant partie pour leurs fils, elles condamnent leurs petites-filles à une humiliation plus grande encore. Le film *Festen*[33] est à ce sujet édifiant et un grand nombre de thérapeutes suggèrent à leurs patientes victimes d'inceste de le regarder pour qu'elles comprennent que leur mutisme à ce sujet les emprisonne dans leur blessure.

Nous venons de voir que les parents peuvent avoir une part de responsabilité dans les échecs amoureux de leurs filles. Une part plus ou moins importante. Mais ils ne sont pas les seuls : les générations précédentes jouent aussi un rôle non négligeable dans l'existence de ces femmes qui éprouvent tant de difficultés à vivre la vie amoureuse qu'elles souhaitent.

33. *Festen*, film de Thomas Vinterberg, Paramount, 2001.

5. Le poids des générations : le transgénérationnel

Nous sommes pris dans « des fils invisibles[34] » qu'il est difficile de dénouer tant que nous n'en avons pas pris conscience. La sacro-sainte liberté à laquelle nous tenons tous et que nous revendiquons, de manière bien légitime, n'est pas si simple à obtenir, car entremêlée dans ces fils qui ont été tissés bien avant notre naissance et qui nous enferment dans un réseau souvent incompréhensible d'obstacles pour vivre heureux. Car ce qui les caractérise, c'est qu'ils sont tenus secrets et que nous les portons bien malgré nous, sans l'avoir choisi. Comme le dit Sigmund Freud, « l'hérédité archaïque (contient) aussi des contenus [...] des traces mnésiques qu'ont laissées les expériences faites par les générations précédentes[35] ». Freud n'est pas le seul à souligner l'importance du transgénérationnel dans le psychisme des êtres humains. L'ensemble des psy reconnaît que si « l'inconscient est constitué de "vécus oubliés", ces vécus peuvent autant concerner l'histoire de la personne que celle de ses parents ou de ses ancêtres[36] ». Françoise Dolto pensait que « l'inconscient de la mère et de l'enfant sont très liés et que l'enfant sait, devine et sent les choses familiales sur deux ou trois générations[37] ». Sans mettre non plus de côté ce que Jung a appelé l'« inconscient collectif », c'est-à-dire celui de la société de laquelle nous sommes issus et dont nous méconnaissons trop souvent l'ampleur de l'influence. Cet inconscient collectif fait partie de l'inné et non de l'acquis : il est inscrit dans nos gênes.

34. A. Ancelin Schützenberger, *Aïe, mes aïeux !*, Desclée de Brouwer, 1993, p. 13.
35. S. Freud, *Moïse et le Monothéisme*, Gallimard, 1939, p. 134.
36. D. Dumas, *op. cit.*, p. 208.
37. A. Ancelin Schützenberger, *op. cit.*, p. 172.

Les transmissions transgénérationnelles

Les transmissions qui semblent les plus logiques et donc les plus faciles à comprendre sont celles qui viennent des parents. Ils possèdent en eux « une mère et un père intérieurs » qui conditionnent ce qu'ils sont en tant que père et mère. C'est ce que l'on appelle un « inconscient de lignée[38] » mis en place et perpétué d'une génération à l'autre. Ainsi, nous possédons en nous deux lignées parentales qui viennent accréditer le père et la mère actuels. Nous portons en nous des « fantômes » : certains sont extrêmement positifs, d'autres perpétuent des blocages et des difficultés qui ne s'expliquent parfois que par cette présence trop longtemps méconnue. Cette forme de « programmation » ou de conditionnement ressemble un peu aux prédictions des fées lors des naissances princières : elle comporte en effet un bon nombre de projections parentales (dont nous avons parlé p. 100), conscientes et inconscientes, sur l'enfant à naître : sexe, prénom, métier, vie affective. Ces projections sont toujours présentes à la naissance de l'enfant, modulées par son sexe. Elles sont conditionnées par une loyauté inconsciente aux membres précédents de la lignée auxquels nul ne semble avoir le droit de désobéir, sous peine de ressentir à un niveau inconscient une forte culpabilité pour haute trahison ancestrale.

Olivia...

Pour mieux faire comprendre le poids de ces transmissions, prenons le cas d'Olivia. Dernière de trois enfants, elle est née un an après le décès d'un bébé de sexe masculin, Olivier. Le choix de son prénom n'a rien d'anodin, évidemment. Olivia, aujourd'hui âgée de trente-neuf ans, a été élevée comme un garçon et se « sent mec ». Sa mère voulait absolument un garçon pour remplacer le petit Olivier :

---

38. D. Dumas, *op. cit.*, p. 53.

« Pour plaire à ma mère, je me suis mise dans le clan des mecs. » Elle ne se contente pas de vouloir tout maîtriser : très « physique », elle adore se battre, pratique assidûment plusieurs sports de combat et recherche les situations à risque. « Très valorisante » pour sa mère à qui elle ressemble (elle est très belle), elle dit avoir parfaitement rempli sa mission car elle a réalisé « tous les espoirs » que celle-ci avait mis dans le petit Olivier. Mais voilà : si Olivia a brillamment réussi professionnellement dans un milieu d'hommes où elle a dû et su se battre, sa vie affective est loin de connaître le même épanouissement. Elle raconte aussi qu'on lui a toujours dit qu'elle était le « portrait craché » (l'expression est élégante !) de sa tante Anne, décédée à trente-neuf ans d'une maladie grave. Au même âge, elle commence à souffrir de maux physiques à la fois douloureux et inquiétants, inexplicables selon les médecins.

Regardons de plus près le transgénérationnel à l'œuvre. Olivia est à l'évidence ce que l'on appelle un « enfant de remplacement » dans la mesure où elle a été conçue quelques mois après le décès d'Olivier – dont elle porte le prénom. Inconsciemment, elle est née pour remplacer ce petit Olivier venu après deux sœurs et donc déjà très investi dans son sexe masculin. Elle a vécu une enfance et une adolescence de garçon et il n'est pas étonnant qu'elle se sente « un mec ». D'autre part, « portrait craché » de sa tante Anne décédée à trente-neuf ans, elle commence à se sentir de plus en plus mal physiquement à l'âge où sa tante est morte. Tout se passe comme si elle avait été identifiée à cette tante. Elle a parfaitement bien répondu aux attentes qu'avait sa mère sur Olivier : le désir secret de cette femme sur son enfant était qu'il connaisse une carrière exceptionnelle. Il serait difficile d'affirmer qu'Olivia est un être libre. Son travail thérapeutique consiste donc à se libérer de ces liens inconscients qui l'emprisonnent dans la vie d'autres personnes, conditionnant sa propre vie et surtout l'empêchant de se vivre elle-même. Prénoms, date de conception ou de naissance, désirs secrets des parents, fantômes d'autres membres de la famille : tous ces éléments font partie du transgénérationnel.

... et les autres

Prenons aussi l'exemple de cette femme conçue exactement le jour anniversaire du décès de sa grand-mère maternelle. Sa mère, dont la propre mère était sa meilleure amie, a voulu faire revivre cette femme à travers sa fille : sa présence était pour elle à la fois affectueuse et très distrayante. Avec sa fille, elle peut retrouver de tels moments de « grâce », le même type de relations heureuses. Le processus d'identification de sa fille à sa propre mère est ici évident.

Je pense aussi à Martine, dont la mère vit depuis toujours dans la honte d'être une « bâtarde ». Elle partage le poids de la honte de sa mère, par loyauté inconsciente vis-à-vis d'elle. Énurésique – souillant son lit – jusqu'à l'âge de dix-huit ans, elle vit dans la peur panique que l'on découvre chez elle la moindre trace de « souillure ». Sa mère s'est de tout temps ressentie comme « souillée » par sa naissance « illégitime » : Martine s'est « souillée » pour rester fidèle à sa mère et refuse sa sexualité sous peine d'être à son tour « souillée ». Cette sorte de confusion identitaire se rencontre très fréquemment, « la relation de la mère à sa propre mère déterminant la nature de la relation de la mère[39] ».

Je pense aussi à ces innombrables femmes issues d'une lignée de « femmes fortes », nous les avons déjà évoquées : « C'est la femme qui fait marcher une relation de couple », disait la grand-mère de Fanny, ennemie du masculin. Leur solitude semble également issue directement de cette lignée où les femmes « tiennent », « domptent » les hommes, parfois par le sexe (« Il faut qu'ils le méritent », disait la grand-mère d'Emma), par leur poigne sinon. De génération en génération, la transmission est simple mais efficace. Il en va de même pour toutes ces lignées de femmes « abandonnées » par leur mari – et qui s'étonnent de constater que leur fille ne se précipite pas dans le mariage ou multiplie les ruptures... Avec certaines, qui connaissaient

39. J. André, *op. cit.*, p. 38.

bien l'histoire de leur famille, nous avons pu remonter sur quatre générations de femmes seules, délaissées... Je pense aussi à Dina : « Les femmes de ma famille se sont battues pour avoir l'homme qu'elles voulaient, certaines ont attendu plus de dix ans. » Elle attend encore...

Les grand-mères

Ainsi, l'inconscient des mères n'est pas le seul à intervenir lors de ces transmissions. Celui des grand-mères et des aïeules possède aussi une influence certaine. À tel point qu'aujourd'hui, bon nombre de psy attestent la thèse selon laquelle l'inconscient des grand-mères maternelles va jusqu'à conditionner le sexe – féminin – des enfants de leurs filles pour perpétuer leur lignée de femmes. Par « obéissance » inconsciente à sa mère, cette jeune maman mettra au monde au moins une fille qu'elle chargera à son tour, inconsciemment, de donner naissance à au moins une fille... Si elle en a plusieurs, elle choisira, toujours inconsciemment, l'une d'elles pour remplir ce rôle. La différenciation d'avec sa mère, la prise d'indépendance par rapport à ce « diktat » maternel paraît impossible à beaucoup de femmes : elle demande une énergie psychique tellement considérable que beaucoup y renoncent et plient sous le poids de ce destin féminin. C'est ainsi que nous pouvons observer des générations de « femmes-esclaves » (comme la grand-mère et l'arrière-grand-mère d'Hélène et d'autres), ou de mères solitaires – « Mes grand-mères et mes arrière-grand-mères ont élevé toutes seules tous leurs enfants, et elles en avaient beaucoup ! » (Anne-Sophie) – ou immatures, ou rivales, ou mal-maternantes, etc. Aucune rupture ne viendra rompre cette chaîne qui n'en finit pas. Sauf si la fille en question ne se marie pas, ne fait pas d'enfant : en désobéissant à sa mère, à ses aïeules et donc en restant seule, cette fille devenue femme à son tour peut enfin s'alléger de ce fardeau, au prix pourtant bien élevé de son épanouissement affectif. À moins qu'elle ne s'engage sur la voie de la « rébellion efficace » en choisissant son propre destin de femme.

Les secrets de famille

« Les secrets sont des tueurs dont la première victime est le bonheur d'exister, mais qui détruisent aussi sournoisement la liberté de pensée [...] et le courage d'être soi-même[40] » : le message est clair. Mais de quels secrets s'agit-il ? Dans le cadre de cet ouvrage, il s'agit des secrets qui entourent la naissance, des pratiques incestueuses, des viols, et des décès d'enfants, secrets de famille tabous que les enfants portent en eux tout en les ignorant consciemment, avec l'interdiction d'en parler, et qui se transmettent de génération en génération. Car il ne faut pas croire à l'innocence totale d'un enfant : bien malgré lui, il connaît inconsciemment une foule d'événements que sa famille tente vainement de lui cacher pour le ménager, le préserver, pour ne pas aborder les sujets trop blessants pour l'image familiale ou trop porteurs de souffrance, surtout lorsqu'il s'agit d'un enfant décédé. Nathalia connaissait de grandes difficultés, qu'elle jugeait insurmontables, dans ses relations avec les hommes. Elle en a très peur, surtout de ceux qui lui plaisent – comme tant d'autres –, mais tout commença à devenir plus clair quand sa mère lui avoua, pétrifiée de honte, qu'elle avait été violée par son propre père quand elle avait seize ans. Or c'est à cet âge que Nathalia avait commencé à se sentir mal avec les garçons du lycée. Elle s'était mise à les fuir alors que, jusque-là, tout se passait plutôt bien : elle avait eu des petits flirts, un grand amour. Elle portait en elle le secret de sa mère.

En se taisant, les parents se protègent eux-mêmes. C'est pourtant davantage le silence qui entoure le secret qui est porteur de souffrance que le secret en lui-même. Quand Nathalia a appris que sa mère avait été violée, elle a enfin compris ses propres réticences à la sexualité. Reprenons l'exemple de Martine : ce n'est qu'à l'âge de vingt-cinq ans qu'elle a su que sa mère ne connaissait pas son propre

40. S. Tisseron, *Nos secrets de famille*, Ramsay, 1999, p. 8.

père. Jusque-là, elle ignorait tout de cette situation et, quand elle questionnait sa mère sur son grand-père paternel, cette dernière mentait, lui disant qu'il était mort pendant la guerre. Mais Martine portait en elle le secret maternel depuis toujours, ce qui explique sa si longue énurésie et son sentiment de souillure. Olivia ne sait que depuis quelques années seulement qu'avant elle était né un petit garçon prénommé Olivier. Claire est la petite-fille non reconnue de la servante du château et du châtelain. Sa mère ne s'est jamais remise de cette naissance illégitime et sa fille de vingt-huit ans ne se donne pas le droit d'être heureuse tant que sa mère ne sera pas sortie de sa dépression, dépression téléguidée par la honte immense vécue par sa propre mère puis par sa fille pour qui le malheur de sa mère constituait une très grande blessure. Le secret lui a été révélé il y a un an seulement : depuis son plus jeune âge, Claire consacre sa vie à sa mère. Elle était habitée par le fantôme de sa grand-mère qui l'empêchait de vivre pour elle-même, car « le fantôme est le travail dans l'inconscient du secret inavouable d'un autre[41] ».

Les loyautés familiales

Nous avons déjà parlé des loyautés familiales qui parasitent si souvent l'épanouissement affectif des femmes. L'une des plus prégnantes est le refus d'être plus heureuse que sa mère en amour, ce que certains appellent la parentification. Les exemples sont nombreux. Tout se passe comme si la fille voulait protéger sa mère, la ménager en échange de tout l'amour qu'elle a reçu. Et pour la protéger, elle s'interdit de vivre une vie de femme épanouie. Perle, quarante-cinq ans, en est un excellent exemple. Par loyauté inconsciente envers sa mère, « si malheureuse » car mariée à un véritable tyran, infidèle de surcroît, elle est restée célibataire. Elle vit chez ses parents, n'a aucune vie personnelle, ne travaille pas. Elle est « l'esclave de sa famille », comme le reconnaît sa sœur, toujours à la disposition des uns et des

41. N. Abraham et M. Török, *L'Écorce et le Noyau*, Aubier-Flammarion, 1978, p. 391.

autres. Est-il étonnant qu'elle porte le même prénom que sa mère et sa grand-mère maternelle ? Elle dit s'être « vouée » à sa mère par amour pour elle, par reconnaissance pour tout son dévouement. En réalité, sa loyauté la ligote à cette femme qui la tyrannise.

En thérapie, il est frappant d'observer à quel point ces obligations, ces contraintes familiales figent les rôles des filles. C'est cette fixation dans un même type de comportement qui alerte le thérapeute et peut orienter le travail sur une recherche transgénérationnelle. Les échecs amoureux répétés – quelles qu'en soient les raisons – peuvent entrer dans cette problématique.

Influence des parents : attitude de sa mère, de son père, modèle du couple parental ; influence des générations précédentes : transmissions, répétitions, loyautés, secrets familiaux, enfants de remplacement, fantômes. Ces très nombreux paramètres peuvent jouer un rôle extrêmement important dans la vie amoureuse des femmes. Des hommes aussi, bien sûr, mais ce n'est pas le sujet du livre. Ces facteurs pèsent trop souvent sur ces femmes qui ne comprennent pas et dont personne ne comprend les difficultés qu'elles rencontrent pour être heureuses affectivement. Beaucoup se plaignent aujourd'hui d'avoir voulu protéger leurs parents en ne disant rien, en se comportant de façon « conforme », comme Céline : « Je me suis infligée de tout réussir pour plaire à mes parents. » Élodie le reconnaît, elle « n'arrive pas à vivre » tant que ses parents sont malheureux. Pourtant, rien n'est irrémédiable et il est possible d'agir pour alléger ce qui semble être une fatalité.

Chapitre 4

Prendre la responsabilité de ses amours

Être responsable signifie être en mesure de prendre la dimension des causes et des conséquences de ses actes, quel qu'en soit le domaine : il s'agit d'une qualité d'adulte qui, en tant que tel, ne peut pas décliner sa responsabilité dans la façon dont il construit sa vie. Comme le soulignait Jean-Paul Sartre : « est responsable celui qui sait. » Parvenues à « l'âge de raison », les femmes malheureuses dans leur célibat peuvent choisir de passer au stade de la pleine conscience de leur propre implication dans leur vie affective.

Lorsque les femmes découvrent les entrelacs bien emmêlés de tous les obstacles qu'elles rencontrent dans leur vie amoureuse, qu'ils soient de leur fait ou non, elles comprennent à quel point il est important de décider de s'impliquer elles-mêmes pour acquérir davantage de liberté – même si l'idée d'une liberté totale n'est qu'une illusion – et aller dans le sens de leurs aspirations véritables. Même s'« il est infiniment plus confortable de croupir [...] dans la conviction de son autarcie et de son indépendance de jugement[1] ». Pour les femmes qui déplorent leur solitude, une des questions les plus importantes à se poser est la suivante : « quelle est la part de ma responsabilité dans ma vie affective ? » S'il est essentiel de s'interroger sur ce qui a conditionné leur vie amoureuse, il leur est tout autant nécessaire d'acquérir la certitude qu'elles seules ont la possibilité d'infléchir le cours des choses. Sans cette prise de conscience nécessaire, leur vie solitaire risque bien de s'éterniser.

Avant de construire une relation, il est nécessaire de mieux se connaître et de se comprendre. Comment une personne qui maintient l'ignorance vis-à-vis d'elle-même peut-elle avoir envie d'adopter cette attitude curieuse vis-à-vis des autres ? Puisque le problème existe et qu'il se répète, puisque la souffrance est là, il est utile de se servir de cette douleur qui offre l'opportunité de se regarder avec lucidité. Sinon, ce qui reste dans l'ombre conditionnera systématiquement la répétition. L'être humain reproduit sans cesse le même type de relations tant qu'il n'en a pas compris les motivations profondes. Cette mise en lumière est une étape nécessaire.

1. A. Naouri, *op. cit.*, p. 59.

1. Se connaître pour mieux se comprendre

Tous les êtres humains sont ainsi faits : il leur est impossible de comprendre, et encore moins aimer, ce qu'ils ne connaissent pas. Les femmes qui vivent mal leur célibat ont ainsi tout intérêt à se consacrer du temps pour se découvrir, savoir qui elles sont, comment elles fonctionnent sur le plan mental, psychologique, affectif, relationnel.

Prendre conscience de sa propre valeur

La conscience d'être une personne importante, qui a de la valeur parce qu'elle existe, tout simplement, reste un élément crucial pour mener à bien sa vie amoureuse. Comment être en mesure d'apprécier quelqu'un que l'on ne connaît pas, ou peu, ou mal ? Quand je parle de s'accorder de la valeur en tant qu'être humain, je n'évoque aucune forme d'adoration : il ne s'agit pas de se vouer un culte, mais plus modestement de s'estimer digne d'aimer et d'être aimé : « Je sais que j'ai commis beaucoup d'erreurs, surtout celle de n'avoir pas suffisamment défendu mes valeurs. Mais je n'avais certainement pas assez confiance en moi, je pense que je ne savais pas bien m'aimer, alors comment aimer quelqu'un d'autre ? » (Mathilde) ; « Je pense que j'ai été très blessée par la vie sur plusieurs plans et que j'ai développé un complexe de "victimisation", d'infériorité, de fatalisme, de manque de confiance en moi, ce qui m'a poussée à vouloir me protéger par peur de souffrir davantage. J'ai été ma pire ennemie parce que j'étais aussi intraitable avec moi que je pouvais l'être avec les autres. Aujourd'hui, j'apprends à voir la vie sous un autre angle, à me faire davantage confiance, à aller davantage vers les autres même si cela me demande des efforts. En un an, la progression est significative, selon mon entourage. J'en suis ravie et je poursuis mon parcours dans le but de trouver l'harmonie avec mes émotions et ma fâcheuse tendance à vouloir tout rationaliser et maîtriser. Je commence à m'accepter avec mes défauts, mais surtout je découvre mes qualités et je commence à m'apprécier beaucoup plus » (Arielle).

Il ne s'agit pas non plus de s'extasier sur ses qualités et de se noyer dans la rivière, tel Narcisse, à force de se trouver extraordinaire. Non, pas du tout. Il s'agit d'être sa meilleure amie et, comme avec sa meilleure amie, d'être tolérante et bienveillante. D'éviter de se juger avec sévérité et de se critiquer cruellement, tout en sachant reconnaître ses erreurs. De savoir se protéger et d'éprouver, quand c'est nécessaire, de l'auto-compassion, c'est-à-dire comprendre ce qui se passe à l'intérieur de soi. D'entrer en contact avec ses véritables désirs afin de pouvoir les satisfaire dans la mesure du possible. Il est évident que la plupart des gens sont bien plus tolérants avec leurs amis qu'avec eux-mêmes : pourquoi ne pas s'appliquer le même traitement ? Passer son temps à énumérer ses défauts, ses manques, ses erreurs et ses limites relèverait presque d'un orgueil abusif : c'est l'excès qui est dommageable. Personne ne possède à lui seul tous les défauts de la terre, c'est trop présomptueux !

Dans les rapports avec les hommes rencontrés, le sentiment de ne rien valoir conditionne un comportement faussé par la peur : peur de déplaire, de n'être pas à la hauteur, d'être démasquée dans tous ses défauts, de dévoiler qui l'on est vraiment, d'être rejetée, de perdre le contrôle de sa propre vie, de reproduire le schéma du couple parental, de trahir sa mère, d'être trompée par un partenaire. À qui cet homme rencontré aura-t-il affaire ? À une femme pas du tout sûre d'elle, hésitante sur ses aspirations, terriblement en demande, comme assoiffée d'amour, ce qui entraînera un comportement soit agressif, soit tellement effacé qu'il aura beaucoup de mal à savoir qui est en face de lui. Surtout s'il rencontre une comédienne de grand talent...

Cesser de se considérer comme une victime

Si une personne ne sait pas s'apprécier, comment peut-elle imaginer que quelqu'un d'autre puisse le faire ? L'homme qui va la regarder avec tendresse et amour sera jugé négativement : « Il faut être aveugle et passablement indigent pour me reconnaître des qualités ! », « Comment pourrait-il m'aimer ? Je ne peux pas le croire : il joue la comédie », etc. Un jour ou l'autre, ce pauvre homme se verra condamné tout simplement pour cause de flagrant manque de goût. Ou bien cette femme va se jeter corps et âme dans cette relation, lui consacrer chaque instant de sa vie et chaque parcelle de son énergie, persuadée que c'est la seule façon d'aimer et d'être aimée en retour. Elle craindra tellement d'être rejetée qu'elle va sûrement confondre cette peur de la blessure narcissique avec un sentiment amoureux et cette attitude ne pourra la conduire qu'à l'échec. L'homme, quel qu'il soit, devra répondre aux critères du Prince charmant et cette femme risque de déchanter rapidement. Elle risque même de plaquer ces éléments très flatteurs sur des partenaires qui la feront souffrir, mélangeant encore une fois ce qu'elle veut avec la réalité. La solitude et le désamour d'elle-même la rattraperont à coup sûr. Une fois encore, elle sera victime... d'elle-même.

Car le manque d'estime de soi alimente le rôle de victime : sans doute est-il difficile pour certaines femmes de le quitter car il octroie quelques bénéfices bien confortables, en particulier celui de pouvoir accuser les autres de tous ses maux. Alors qu'une personne qui a confiance en elle est apte à reconnaître sa part de responsabilité dans ce qui lui arrive : c'est nettement moins confortable, mais c'est le seul moyen pour évoluer et sortir d'une situation qui se répète à son désavantage. Considérer les éléments qui ont contribué à accumuler les déceptions, comprendre les raisons qui sont à l'origine d'une relation qui n'a pas duré représentent les meilleurs moyens pour décoder non pas les échecs, mais ce qui s'est passé, le plus objectivement possible.

Si une femme en mal d'estime d'elle-même et « victime de la vie » attend qu'un regard masculin positif se pose sur elle pour s'apprécier, pour penser qu'elle a de la valeur, pour avoir le sentiment d'exister, elle sera forcément déçue. Trop dépendante de ces marques d'amour, elle risque bien de tomber dans la toxicomanie amoureuse (voir p. 54). Avides d'amour à l'excès, ces femmes sacrifient trop souvent leur indépendance, quitte à opérer ensuite une marche arrière tant inattendue que brutale, laissant alors leur partenaire décontenancé et floué sur le bord de la route. Qui est alors la véritable victime ?

Les femmes qui se demandent pourquoi elles vivent encore seules paraissent ne pas avoir su trouver l'équilibre qui leur convient entre le besoin de partager de l'amour avec un homme et leur désir d'indépendance. Cette oscillation entre ces deux attirances, qui fait partie de la personnalité de tout être humain, représente pour elles un véritable problème quand elles se sentent impuissantes à agir sur leur vie.

Pour toutes ces raisons, il est essentiel de prendre conscience de sa « victimisation » et de ses conséquences sur la vie amoureuse. Car nous sommes en présence d'un véritable cercle vicieux : moins une femme se sent responsable d'elle, plus elle se trompe dans le choix de ses partenaires, plus elle a le sentiment d'être rejetée, plus son désamour d'elle-même augmente et plus elle se sent victime. La boucle est alors bouclée. Même si l'environnement familial a pu participer à cet engrenage malheureux, il est temps, une fois adulte, de se pencher sur la question et de s'interroger.

Une rencontre nécessaire avec soi-même

Partir à la découverte de soi entraîne une forme d'intimité bienveillante avec soi-même. Pour grandir, il convient d'accepter ce rendez-vous avec soi en sachant qu'il sera possible – et même certain – de découvrir des aspects plus ou moins plaisants à regarder. Il vaut mieux commencer par renoncer à la perfection, c'est extrêmement soulageant. Dans l'ordre des rencontres, il est préférable de prendre du temps pour celle avec soi-même plutôt que s'obstiner sur celle avec un homme. Mieux une personne se connaît, plus elle est en mesure d'aller sereinement au-devant d'une autre. Cette approche de soi condamne définitivement le rôle de victime à l'exil. Ce faisant, la personne entame le passage de l'adolescence à l'âge adulte : plus besoin alors de boucs émissaires pour porter le poids des erreurs, des souffrances, ce qui arrive pourtant trop souvent – presque toujours – quand la vie ne se déroule pas telle qu'on la désire : « Je ne sais pas ce que je veux, je ne sais pas ce que j'aime et ce que je désire, c'est un véritable empêchement à vivre » (Aude) ; « Pourquoi suis-je à chaque fois attirée par des hommes avec lesquels cela ne fonctionnera pas ? Je dois passer du temps pour le comprendre » (Arielle). Même si, je le répète, il existe des traumatismes anciens qui rendent ce passage pénible : certaines « réparations » du passé s'avèrent parfois très douloureuses, quand certaines restent impossibles. Mais la prise de conscience de ces souffrances n'implique pas nécessairement que l'on demeure une « victime à vie ». S'il est utopique d'imaginer que nous puissions avoir une maîtrise totale sur notre existence, il est néanmoins possible de prendre conscience du fait que nous sommes, pour une part non négligeable, responsables de ce que nous vivons. La vie que nous menons nous indique clairement la façon dont nous la construisons. Se rencontrer permet de savoir ce que l'on désire, d'étendre ainsi l'éventail de ses choix et d'avoir de l'impact sur le déroulement de sa vie : « Je sais aujourd'hui ce que je souhaite, je me prépare doucement à aimer et à être aimée » (Mathilde).

Lorsqu'une personne se penche sur elle-même, elle s'aperçoit qu'elle est remplie de ressources, de qualités dont beaucoup restent inexploitées. Elle peut aussi découvrir qu'un grand nombre de situations qu'elle a mal vécues sont de son fait et qu'elle a répondu à des envies ou à des désirs qu'elle se cachait à elle-même.

Prendre conscience de ses projections

Le mécanisme qui consiste à faire des projections de soi sur l'autre constitue un frein supplémentaire à une meilleure connaissance de soi - et de l'autre, évidemment. Il entraîne rapidement des émotions telles que l'agacement ou même la colère contre l'autre lorsque l'on découvre chez lui des aspects que nous n'aimons pas en nous, qui ne sont pas très flatteurs pour notre propre ego : cet homme se trouve chargé de ces projections alors qu'il n'y est pour rien. Se rencontrer, c'est donc aussi prendre conscience de ces projections. Pourtant, c'est bien ainsi que fonctionnent la plus grande part des êtres humains. Ils ignorent que, généralement, l'on ne peut pas trouver en l'autre des traits de caractère que l'on ne possède pas. Comment en effet reconnaître chez l'autre tel ou tel aspect qui n'a pas été expérimenté par soi-même, ou qui n'est peut-être que pressenti chez soi et que l'on s'efforce d'ignorer ? Ainsi, si une personne condamne l'intransigeance de son père, c'est en se rencontrant à l'intérieur d'elle-même qu'elle sera en mesure d'y découvrir ce trait de caractère, qui s'applique aussi à elle - et/ou aux autres. Si une femme condamne l'autoritarisme de sa mère vis-à-vis de son père, il serait intéressant pour elle d'examiner son comportement avec les hommes : peut-être découvrira-t-elle des éléments qui lui feront comprendre qu'elle aussi se montre autoritaire avec eux.

Se rencontrer permet donc de découvrir ce que Jung appelait « sa part d'ombre », car nul être au monde n'est un ange ou aussi « innocent » qu'il voudrait bien le croire ou le faire croire, c'est ainsi que va l'humaine condition. Mais chaque personne possède aussi sa part de lumière. Imaginez que vous regardiez un match de football nocturne et que la moitié seulement du stade soit allumée : comment comprendre ce qui se passe dans cette partie éclairée si l'autre moitié est dans le noir ? Il en va de même pour un être humain : se connaître et se comprendre, c'est aussi accepter de regarder ce qui peut déplaire, étonner - mais aussi, j'insiste, ce qui est tellement plaisant à découvrir et que trop souvent il ignore ou veut ignorer. Une fois que la part d'ombre est acceptée, il est tellement plus facile d'adopter la même attitude vis-à-vis de la partie obscure de l'autre ! L'autre, les autres, tout être vivant a en lui cette part d'ombre : l'essentiel est pour chacun de s'atteler à la regarder. Si cette prise de conscience peut parfois écorner l'amour-propre qui risque de souffrir un peu, elle aide à la réconciliation avec soi-même. Car les projections sur l'autre ne se limitent pas aux aspects négatifs : elles concernent tout autant des éléments flatteurs et positifs qui existent réellement en nous mais qui sont dévalorisés. L'autre se trouve alors auréolé de qualités qui ne lui appartiennent pas puisqu'elles sont en nous. Il vaut mieux s'attacher à la récupération de ces éléments positifs pour les mettre au service du mieux-être et de retrouvailles heureuses avec soi.

2. Porter un regard différent sur sa vie amoureuse

L'étape qui consiste à porter un regard plus lucide sur sa vie amoureuse permet, par la compréhension de ce qui s'est passé, d'éviter de reproduire les mêmes erreurs, de retomber dans les mêmes pièges.

Choisir la lucidité

« Je crois que ce qu'il y a de commun entre tous les hommes que j'ai aimés, c'est très certainement la présence psychique ou physique d'une rivale. J'ai compris que ce qui était important pour moi était d'être la préférée. Je n'avais pas la sensation d'être aimable et le fait que l'homme que j'aime quitte une autre pour moi me donnait l'assurance d'être aimée. Maintenant que j'ai analysé cela, je travaille sur moi pour n'avoir plus besoin de cette stratégie car je sais que je peux être aimée » (Mathilde) ; « Jusqu'à présent, je ne m'étais pas interrogée sur le pourquoi du non-fonctionnement de mes relations amoureuses. Il était plus simple de ne pas faire face à la réalité et de reporter la faute sur l'autre. Aujourd'hui, je connais mon mode de fonctionnement, le plus difficile est d'oublier sa peur pour mettre en œuvre le changement qui fera qu'une relation marchera » (Arielle). Certaines femmes ne se donnent pas la peine d'analyser leurs ruptures le plus lucidement possible car elles veulent à tout prix rester persuadées qu'elles ne sont pour rien dans la débâcle de leur vie affective. Bien sûr, il est très difficile de reconnaître sa responsabilité, et cela demande des efforts souvent douloureux : « Je sais que je porte aussi le poids de la honte et à ce jour il me faut tout reconstruire : un ego en premier. Mais je sais que c'est possible. » Ce questionnement, ce dialogue avec soi-même, cette approche lucide sont pourtant indispensables. Plutôt que de parler d'un travail de deuil, il s'agit alors d'un travail de compréhension de cette relation.

Virginia Satir, une thérapeute familiale et de couple de très grand talent, proposait un questionnaire[2] qui comportait un très grand nombre de questions posées aux partenaires venus la consulter, soit pour retrouver une relation de couple harmonieuse, soit pour se séparer sans aigreur. Ces questions portaient sur les « comment » de la rencontre puis sur la « parade amoureuse », sur les règles implicites très vite établies (qui décide des sorties, des loisirs, des vacances, etc.), sur le mode de fonctionnement de la relation, sur tous ses aspects, sans oublier l'environnement familial, le modèle du couple parental, les rôles de la mère et du père, etc.

C'est grâce à ce type d'interrogations que l'on peut comprendre l'importance de son rôle, de sa responsabilité tant dans l'élaboration, la mise en place, que dans les modalités du vécu de cette relation. La peine, la colère et le chagrin – trop souvent entretenus par l'incompréhension – n'en seront pas forcément diminués, mais ils pourront malgré tout s'atténuer plus facilement. La personne ne s'enfermera pas dans la seule colère (même si elle est parfois justifiée) contre l'autre – ce qui alimente rancœur et désespoir : « Lui, je le détestais,

2. V. Satir, *Thérapie du couple et de la famille. Thérapie familiale. Hommes et groupes*, Épi, 1971.

ou plutôt je "l'aimais de haine" » (Louise). Elle parviendra à comprendre pourquoi elle a été attirée par cet homme qui l'aura peut-être fait beaucoup souffrir, mais avec qui elle sera restée de son plein gré un certain temps. « Lorsqu'on se culpabilise de n'être pas capable de "tenir le coup", on se croit souvent inapte à assumer le vide, la solitude, le manque de repères que donne l'autre. La solitude fait peur car elle laisse le loisir de "penser à soi". J'appréhendais ce que j'allais découvrir. » Elle cessera aussi d'alimenter la colère contre elle – née de la honte d'avoir fait ce choix qui fut pourtant « bon » au moment de la rencontre – en analysant ses motivations profondes qui l'ont amenée à vivre cette situation : elle évitera ainsi d'entrer en relation avec des hommes avec qui elle souffrira. Débarrassée de ses rancunes vis-à-vis de son ancien compagnon et d'elle-même, elle se sentira enfin disponible pour une autre rencontre, plus fructueuse.

Il est temps aussi d'arrêter d'imaginer que lorsque l'on aime, l'autre est « tout pour soi », tandis qu'être aimée signifierait « être tout pour l'autre ». Ces croyances, à l'opposé de la lucidité, ne correspondent qu'à un mirage véhiculé par la vision altérée de certains idéalistes forcenés : elles faussent dès le départ la conception d'une vie à deux. Quand une femme découvre que ces idées ne peuvent en aucun cas lui servir de guide, elle peut plus aisément s'en débarrasser pour adopter une attitude lui permettant de savoir se protéger en instaurant ses propres limites – en les faisant respecter – tout en admettant que l'homme rencontré agisse de même. Aimer ne signifie pas entrer en religion et se consacrer corps et âme à l'être aimé – ceci est valable pour les deux partenaires…

Reconsidérer les ruptures

Après avoir réfléchi à leurs ruptures amoureuses, beaucoup de femmes ont pris conscience qu'elles avaient en réalité désiré ces séparations. Elles ont eu un peu de mal à l'admettre mais telle était la réalité. Prenons le cas d'Émilie : « J'ai eu une grosse rupture qui a été très difficile car je ne m'y attendais pas et elle s'est faite de manière très soudaine et très brutale. Patrick a pris la décision de rompre en me donnant pour seule explication "Je t'aime mais je ne suis plus amoureux de toi", ce qui à mon sens ne veut rien dire et est très contradictoire. Juste après la rupture, je me suis donnée comme raison qu'il n'était pas prêt à s'engager car, à l'époque, il n'aimait pas vraiment son travail, n'avait pas de temps à lui et avait besoin d'un changement. J'ai su très peu de temps après qu'il vivait en couple avec une de ses collègues et que celle-ci était enceinte. Là, tout mon raisonnement s'est effondré. J'ai eu beaucoup de mal à accepter ce comportement que j'ai interprété comme un abandon total, comme si tout ce qu'on avait vécu n'avait compté pour rien. En plus, je me suis retrouvée très seule au même moment : mes parents sont partis vivre à l'étranger, comme mes deux amies les plus proches. J'ai ressenti énormément de colère au moment de la rupture et j'en ai énormément voulu à Patrick de n'avoir pas été plus délicat et de tourner la page si facilement. J'avais l'impression d'être en décalage complet avec quelqu'un qu'un mois plus tôt, j'avais l'impression de bien connaître. Dans un premier temps, je l'ai trouvé très lâche. Je l'ai revu dernièrement après cinq ans d'éloignement et il m'a expliqué que lui voulait se marier, avoir des enfants, construire un foyer avec moi, mais qu'il ne me sentait pas du tout prête. Tout ce que je voulais moi aussi, comme je le croyais. En réalité, il m'a sentie lointaine, plutôt distante parfois, et pas du tout dans l'envie de bâtir quelque chose avec lui. Et il a eu raison : j'ai cru que c'était lui qui ne voulait pas s'engager alors que c'était moi, car au fond de moi, j'avais peur de m'ennuyer avec lui. Finalement, j'ai compris que c'était moi qui ne voulais plus de cette relation, et pas lui. » L'exemple d'Émilie est loin d'être unique. Ce n'est qu'en acceptant cette prise de conscience qu'elle a enfin compris sa propre réalité : sa rupture ne fut que l'expression d'un désir profond qu'elle avait ignoré. Aujourd'hui, elle sait que cette séparation, qui pourtant l'a tant fait souffrir, lui a donné l'opportunité de mieux se connaître et elle a arrêté de se construire un scénario de victime en projetant sur son compagnon ce qui n'existait qu'en elle. Plutôt que de s'en vouloir ou d'en vouloir à Patrick, plutôt que d'abîmer davantage l'image d'elle-même, cette femme qui a eu le courage de s'interroger avec lucidité – en acceptant d'être aidée, ce qui est souvent utile car il est terriblement difficile d'être à la fois juge et partie – s'est donné les moyens de vivre une prochaine relation plus satisfaisante. C'est d'ailleurs au cours de cette réflexion qu'il lui a été possible de regarder son compagnon de façon plus objective car, après tout, s'il a su la séduire à un moment donné, cela veut bien dire qu'il lui a plu, qu'il n'était pas à ses yeux dénué de qualités. Parler d'échec après une rupture voudrait dire que la relation a été, du début à la fin, totalement invivable. C'est fort heureusement rarement le cas.

Quand deux personnes se rencontrent et se choisissent, cela signifie qu'à ce moment-là, il se passe quelque chose d'essentiel entre elles, quelque chose auquel elles se sentent tenus de répondre, cela semble « plus fort qu'elles ». Même si cela ne doit pas durer. Cet homme qui, pendant une période plus ou moins longue, était si merveilleux, s'avérerait au fil du temps le pire individu que la Terre ait porté ? Il se peut que ce soit le cas, nous en avons tous rencontré, mais cette conclusion ne peut permettre de dégager sa propre responsabilité. Car rien ne va de soi, contrairement à ce que nous préférerions penser, tout simplement parce que ce serait plus facile. Quand une personne reconnaît son rôle aussi bien pour la bonne marche que pour le déclin de la relation, elle évacue plus facilement toute forme de ressentiment contre l'autre et la souffrance due à la rupture dure moins longtemps. Même s'il faut quand même admettre qu'après une grave maladie d'amour, une assez longue convalescence s'avère nécessaire, car il s'agit d'une « pathologie » qui remet beaucoup de choses essentielles en question et, en tout premier lieu, l'identité même de la personne. Je précise que je ne parle pas ici des séparations anodines qui ne font pas grand mal mais des ruptures réellement importantes, graves, celles qui remettent tout en question.

La lucidité nécessaire libère tout autant les bons souvenirs que les moins bons ou les mauvais. En regardant bien en face le film de cette histoire, il est possible d'arrêter de la ressasser de façon partiale :

ne penser qu'aux bons moments perdus à tout jamais accroît le désespoir tandis que le fait de ne voir que les souffrances vécues accentue les rancunes, l'amertume et la tristesse. Il convient d'éviter une forme d'amnésie, un dysfonctionnement de la mémoire qui ne choisirait délibérément qu'une catégorie de souvenirs. Sans oublier non plus, nous l'avons vu, le désir inconscient d'être quittée, beaucoup plus fréquent qu'on ne l'imagine mais si difficile à admettre.

Savoir finir une relation

L'histoire suivante permettra sans doute de mieux comprendre combien il est inutile et surtout très dommageable de s'acharner à tout prix à faire durer une relation amoureuse qui, à l'évidence, ne mérite même plus ce nom. Pourtant, vous savez combien il est pénible d'y mettre fin, même quand tout signifie que c'est terminé, qu'il n'y a plus rien à attendre ou à espérer. Somatisations en tout genre, prise ou perte de poids, irritabilité, déprime, tristesse et colère sont des symptômes qui devraient être entendus, en toute lucidité et respect de soi : eh bien non, beaucoup s'acharnent et souffrent un véritable martyre.

Voici l'histoire que raconte Cathy.

« J'ai rencontré Franck à l'automne 1996. Il est aujourd'hui divorcé depuis le printemps 1997, mais il était à l'époque séparé de sa femme. J'étais célibataire. Il avait trente-quatre ans et moi vingt-six. Il avait deux enfants de neuf et cinq ans. Voici pour les présentations.

Tout au début, son insistance, alors qu'on ne se connaissait pas, m'a fait peur. Dès que nous nous sommes réellement rencontrés, le feeling est bien passé et nous sommes sortis ensemble. Sexuellement, notre relation a été très forte, plus intense qu'aucune autre pour l'un comme pour l'autre. Nous avions une complicité que nous n'avions jamais connue. Au plan sexuel, mais aussi par de nombreux goûts communs, la possibilité de rire et discuter ensemble pendant des heures sans se lasser et puis un énorme besoin de câlins et de tendresse. Très vite, j'ai ressenti pour lui des sentiments troublants. Peut-être que pour la première fois, je tombais amoureuse. Mais par-dessus tout, je me sentais à ma place avec lui. Et puis cela devenait comme une évidence.

Je me suis vue peu à peu vivre avec lui. Tout naturellement il me semblait que nous devenions indissociables. Et tout semblait se mettre en place entre nous sans besoin de compromis. J'ai rencontré ses enfants et tout s'est tout de suite bien passé. J'étais la première femme qu'ils rencontraient depuis la séparation de leurs parents. Tout laissait penser que tout allait pour le mieux. Moi, j'étais sur un petit nuage avec des étoiles plein les yeux et mon bonheur, mes sentiments devaient être transparents.

Mais quand j'allais de l'avant sans même me poser de questions, lui devenait plus distant. Mais toute à mes étoiles, je n'ai sans doute pas voulu voir autre chose. Ce qui fait que le jour où il m'a annoncé notre rupture, je suis tout simplement tombée de ma chaise ! C'était impossible ! Il me disait qu'il ne partait pas pour une autre, mais parce qu'il prenait trop d'importance à mes yeux et qu'il voulait se désengager de ce qu'il ne m'avait pas promis. Pour la première fois, je me suis battue pour quelque chose, quelqu'un en l'occurrence. J'avais cette sensation que nous avions quelque chose à vivre ensemble réellement et qu'il avait peur. J'ai fait marcher ce qu'il ne pouvait nier : que nous étions des amants et des amis, et que nous ne pouvions pas nous arrêter là. Il est revenu. Il m'avait quittée au bout de trois mois, il est revenu pour un seul petit mois.

Même scénario, mêmes raisons pour le retenir et il est revenu une fois de plus. Il m'a accordé quatre, cinq mois. Mais je n'ai jamais retrouvé ma sérénité du début. J'avais toujours cette angoisse de le voir disparaître sans prévenir. Pourtant il semblait que nous devenions davantage un couple. J'avais au fond de moi la sensation que j'avais rencontré celui qui allait partager mes prochaines années.

Il est donc parti fin août 1997. Il me disait qu'il avait souvent envisagé le fait de vivre avec moi, essayé de savoir s'il pourrait construire de nouveau avec moi, mais il avait peur de ne pas tenir la distance, de construire quelque chose qu'il ficherait en l'air quelques années plus tard en laissant de nouveau les enfants au milieu d'un couple en ruine. J'avais cette impression qu'il m'aimait mais qu'il avait peur, encore et toujours.

Pour lui, j'ai appris la patience. Nous avons tenu séparés trois mois et en novembre il m'a rappelée. Son amitié m'était vitale, il est le seul avec qui j'ai eu ce genre de complicité et s'il ne voulait plus de moi comme "petite amie", je préférais me forcer à oublier tout le reste plutôt que de le perdre complètement.

Bien sûr, nous avons eu un peu de mal à remettre les choses en place. Mais lui a joué quelque temps sur le désir. On s'est un peu accrochés et puis tout est redevenu normal car nous avons parlé. Le temps a passé, je m'étourdissais et lui sombrait dans une petite déprime. Il me disait qu'il ne vivrait plus de relation vibrante, qu'il resterait seul, etc.

C'était dur pour moi, l'amoureuse souffrait de ne pouvoir lui donner ce qu'il voulait alors qu'il se plaignait de ce vide. Puis il est reparti et je ne voulais pas croire qu'il y aurait une suite réelle, je savais qu'il ne voulait pas d'une vraie histoire et que je ne pouvais plus supporter une relation uniquement sexuelle. Mais peu à peu quelque chose s'est de nouveau mis en place. Comme toujours, chaque fois que j'étais distante car n'y croyant pas, il débordait de tendresse, d'attentions. Mais encore une fois, je suis tombée dans le panneau et j'ai voulu y croire. Nous avons été un peu plus loin. J'ai revu ses enfants. Moi, je trouvais qu'on allait bien ensemble tous les quatre. J'avais encore et toujours confiance en cette sensation que j'avais au creux du ventre. Et à mesure que je voulais y croire, j'essayais de faire en sorte qu'il me donne une place dans sa vie, et il fuyait, bien sûr.

Juste avant notre dernière séparation, nous avions parlé de vacances. Il m'a appelée pour me dire qu'au bout de dix-huit mois, nous devions soit vivre ensemble, soit nous quitter et qu'il avait choisi de partir. Il m'a dit qu'il ne savait pas ce qu'il ressentait pour moi, mais qu'il n'était pas amoureux, et que cela lui manquait. J'ai eu beaucoup de mal à accepter la rupture. En fait, ce n'est peut-être pas encore le cas. J'ai compris depuis peu de temps qu'il fallait ne retenir que les faits : il ne m'aime pas, il ne veut pas vivre avec moi. Ce que je n'arrive pas à accepter, c'est cette fameuse sensation qui me taraude encore et toujours. J'ai consulté une voyante qui m'a parlé d'un homme qui m'aime mais qui a besoin de régler seul certains soucis pour l'instant. Elle m'a dit qu'il reviendrait vers moi et que nous construirions réellement quelque chose avec une vie commune et des enfants. Même si ma raison sait qu'il ne veut pas de moi et que nos désirs sont différents, mon cœur continue de le vouloir, lui et aucun autre. Je continue de rêver à d'éventuelles retrouvailles. »

Même face à la réalité, il est souvent impossible de quitter ses rêves, ses espoirs. L'être humain est ainsi fait que, contre toute attente, contre toute évidence, il continue à imaginer que ses désirs vont se réaliser. Se confronter à ce qui pourtant saute aux yeux : des actes, des mots, des attitudes, paraît au-dessus des forces de toutes celles qui sont blessées dans leur projet de vie, dans leur amour-propre et dans leur amour. Plutôt continuer à croire que tout va s'arranger que de retourner à la solitude et accepter l'effondrement d'un monde construit pour durer. C'est ainsi que nous rencontrons des femmes en évitement de rupture depuis trop longtemps, et qui, grâce à des manœuvres dignes des plus grands stratèges, entretiennent un semblant de relation alors que leur compagnon se sent libre et disponible. Cette attitude est le reflet d'un grand manque de conscience vis-à-vis de la situation vécue.

Accepter que l'autre parte ou admettre qu'il est censé nous quitter demande d'avoir grandi. Dorothée a mis des années à « laisser partir » son premier amour – qui était pourtant vraiment parti, mais elle ne voulait pas le reconnaître. Savoir finir une relation, c'est regarder la réalité et en tenir compte, en dépit de la violence émotionnelle qui accompagne toute rupture.

3. Se réconcilier avec ses émotions

Un être humain possède trois centres d'énergie : la tête, le cœur et l'instinct[1]. Or il apparaît que la vie émotionnelle, l'énergie qui vient

---

3. S. Tenenbaum, D. Laugero, F. Cavé, *L'Ennéagramme. Connaissance de soi et développement personnel*, Dunod-InterÉditions, 2000, p. 38.

surtout du cœur, est mal connue, méconnue, quand elle n'est pas tout simplement niée. Pourtant, il ne se passe pas une seconde sans que nous vivions une émotion, cette dernière se manifestant en premier lieu dans notre corps.

Écouter son corps

Si un être humain ne prend pas en compte le domaine de ses émotions, il risque tout d'abord de se rendre malade, au sens propre du terme, car l'émotion est le langage du corps. Palpitations, insomnies, problèmes gynécologiques, maux de dos sont les somatisations les plus fréquemment rencontrées chez les femmes qui n'écoutent pas ce langage. Ces messages ont besoin d'être entendus et compris pour libérer l'énergie et entendre la sagesse qu'ils contiennent. Pourtant, un bon nombre de femmes restent sourdes à leurs ressentis, surtout lorsque ces derniers pourraient leur apprendre sur elles des choses qu'elles n'ont pas envie de savoir. Car, et c'est très important, nos émotions comportent des enseignements bien utiles : elles nous racontent comment nous réagissons à ce qui se passe en nous et à l'extérieur de nous. Les femmes qui méconnaissent leurs émotions vont donc souffrir de maux physiques et psychiques, et méconnaître des aspects d'elles-mêmes qu'elles auraient besoin de comprendre pour vivre au plus près de leurs désirs.

Je pense à Chloé qui a multiplié les maladies graves (plusieurs fois elle s'est vue contrainte de garder le lit pendant des mois) par méconnaissance de sa vie émotionnelle. Désespérément en recherche de l'homme de sa vie, elle s'embarquait dans des aventures d'un soir ou d'une semaine, en étant persuadée qu'elle l'avait enfin trouvé. Ces histoires sans lendemain, bien qu'irrémédiablement vouées à l'échec, la laissaient pantelante et anéantie – et souvent malade, sans qu'elle comprenne pourquoi. N'écoutant pas ce que lui racontaient ses émotions, elle poursuivait son chemin, déterminée, sans prendre conscience à aucun moment qu'elle était pleine de rage à l'encontre des hommes. Cette grande colère se traduisait invariablement par des somatisations intestinales : elle ne « digérait » pas sa succession d'erreurs dans le choix de ses partenaires. Son ressentiment était d'ailleurs tout autant dirigé contre elle que contre eux, mais elle a longtemps persisté dans son déni. D'autant plus que cette colère recouvrait un désespoir immense qu'elle tenait absolument à se cacher. Pour elle, seule l'action comptait et elle se focalisait sur « comment rencontrer un homme ».

Sous la tristesse, la colère

D'autres femmes se laissent très facilement envahir par leur chagrin et méconnaissent magistralement toute l'étendue de la colère qui se cache derrière cette tristesse. Si elles acceptent cette dernière, elles ne savent pas très bien quoi en faire, c'est-à-dire l'écouter. Pourtant, elle a sûrement une foule de choses à leur apprendre sur elles et ce qu'elles sont en train de vivre. Elles vont se dire que c'est parce qu'elles vivent seules et que ce n'est pas ce qu'elles veulent. Leur réflexion va s'arrêter là et elles n'entreront pas en contact avec leurs besoins profonds, avec leurs manques. Car ce n'est sans doute pas un homme qui pourrait venir réparer cette tristesse qui est peut-être ancienne ou d'une autre sorte. Quand Chloé dit qu'elle a vécu deux ruptures avec des garçons qu'elle aimait « à se pendre », il me semble approprié d'être alertée par cette expression loin d'être anodine. Mais elle est tout à fait capable de dire tout cela avec le sourire en ajoutant : « Maintenant, je sais que tout va bien se passer. » Elle sait parfaitement bien « passer à côté » de ce qu'elle ressent.

Beaucoup de femmes semblent ignorer que la colère gronde sous leur tristesse. Ce qui n'a rien d'étonnant car cette émotion, la colère – qui peut aller du petit agacement jusqu'à la rage, avec toutes les nuances intermédiaires – souffre d'une exécrable réputation et il est très difficile de transgresser les interdits qui empêchent de l'exprimer. Comme si le fait de dire sa colère était indécent, irrévérencieux, asocial ou même caractériel ! Les enfants n'ont pas le droit de la dire et seuls les adultes « hiérarchiquement » les mieux placés semblent avoir l'autorisation de la manifester : les parents et les professeurs sur les enfants, les supérieurs vis-à-vis de leurs « subalternes » (dans tous les domaines : professionnels, religieux, politiques, etc.). Bref, la colère est très mal cotée, surtout son expression. Alors, petit à petit, à force d'être ravalée depuis l'enfance, elle ne montre plus le bout de son nez : c'est ainsi qu'elle est de plus en plus ignorée au fil du temps qui passe. Verrouillée, elle ne dort pourtant pas plus qu'un volcan « en sommeil » : elle n'attend qu'une occasion, la « bonne », pour exploser. Et c'est bien dommage, car seule la libération de la colère, sa reconnaissance et son expression, par des mots ou des actes (et il ne s'agit évidemment pas de nuire à qui que ce soit en la manifestant) permettent de l'évacuer et de s'en soulager. D'autant plus que l'acceptation de cette émotion, même si elle est porteuse de violence et parfois de conflit, est le premier pas vers l'autonomie.

« Il n'y a pas de processus de guérison qui ne passe en bonne partie par la colère[4] ». Autrement dit, il n'est pas possible d'avancer sur le chemin de l'évolution, du développement personnel sans passer par la prise de conscience de la colère. Cette acceptation peut être suivie d'actes qui marqueront que la personne prend sa vie en charge et décide de se respecter et de se faire respecter. Ainsi Catherine, qui avait subi des attouchements de son père pendant son enfance, et aujourd'hui âgée de trente ans, avait beaucoup de mal à entrer en contact avec la colère qu'elle éprouvait contre lui. Puis cette émotion a finalement mais très difficilement été admise. Catherine a pu puiser en elle la force et le courage de prendre un rendez-vous avec son père pour lui parler et surtout lui exprimer son sentiment. Elle se percevait comme une femme effacée, pas sûre d'elle ; aujourd'hui, elle a relevé la tête et ses relations avec les autres, les hommes en particulier, mais aussi les relations professionnelles, sont beaucoup plus adultes et faciles.

---

4. G. Corneau, *N'y a-t-il pas d'amour heureux ?*, *op. cit.*, p. 105.

Cet exemple, riche d'enseignement, nous apprend avant tout que la vie émotionnelle, loin d'être une faiblesse, est au centre de la personnalité et qu'il convient d'en tenir compte. Il n'y a pas lieu d'avoir honte de ressentir de la colère contre qui que ce soit : toute émotion est respectable parce qu'elle émane d'une personne, tout simplement. Quelle que soit la façon dont elle va être exprimée - à part, évidemment, toute manifestation violente ou dommageable vis-à-vis de soi ou d'autrui -, il sera utile de le faire et c'est la plupart du temps un passage nécessaire pour se libérer des carcans du passé. La parler, l'écrire, la dessiner, la crier, la taper sur un arbre (en veillant à ne pas se faire mal) ou sur un vieux coussin, peu importe la forme : l'important a été d'abord de l'accepter puis de l'exprimer. Dire son désaccord, s'affirmer sans agressivité, dire sa propre vérité sont aussi des manifestations de la colère qui signifient qu'elle n'a pas été ignorée et que les critiques concernant le passé ne seront plus ressassées, ne constitueront plus une prison. Une personne qui refuserait d'entendre sa colère agirait comme s'il y avait le feu chez elle et qu'elle n'appelait pas les pompiers. D'autant plus que si les vieilles rancœurs ne sont pas reconnues et exprimées, il est à peu près certain que les partenaires en constitueront les meilleurs exutoires, alors qu'ils sont innocents : ils paieront - parfois cher ! - pour les parents et tous les autres avec qui la relation amoureuse a été douloureuse.

4. Tourner la page sur le passé

Dans le grand livre de la vie, si de nombreux chapitres sont déjà écrits, il en reste beaucoup à remplir et les pages blanches n'attendent que de bonnes nouvelles. Après avoir connu les prises de conscience nécessaires, il faut apprendre à tourner les pages qui ne parlent que du passé, arrêter de relire continuellement les mêmes chapitres et accepter d'en écrire de nouveaux.

Renoncer à retrouver le premier amour

Il semble qu'il soit difficile de quitter définitivement l'enfance pour entrer dans la vie adulte et je pense que l'un des éléments les plus douloureux à quitter est justement le premier amour, l'histoire d'amour vécue avec sa mère. La nostalgie de cette relation si parfaite poursuit l'être humain toute sa vie. Pourtant, « quand vous serez au clair avec cette histoire ancienne mais toujours vivace et active en vous, alors vous pourrez parler de votre amour ici et maintenant[5]... » Grandir, c'est accepter de se détacher pour toujours de cet amour de la toute petite enfance, cette forme d'amour à la fois exigeant et totalement fusionnel. Car cela n'implique pas que l'amour, dans l'absolu, soit perdu à tout jamais. Espérer – inconsciemment, le plus souvent – revivre cette expérience unique avec un partenaire amoureux est inéluctablement voué à l'échec. Vouloir retrouver ce qui a créé l'enchantement des premières années de la vie ne peut qu'apporter des déceptions et des frustrations, quand ce n'est pas du ressentiment vis-à-vis du partenaire qui ne sait pas répondre à cette attente issue du passé : « Sois ma mère, aime-moi comme elle, je m'en remets complètement à toi », qui relève de la totale illusion. Comment un partenaire, si aimant et bien attentionné soit-il, pourrait-il, comme une mère dans les premières années de la vie de son enfant, deviner, ressentir les désirs et les besoins de la femme qu'il aime ? Comment pourrait-il savoir qui elle est, ce qu'elle attend de lui si elle ne se livre pas à lui, si elle reste passive, attendant tout de lui – avant de devenir agressive pour cause d'insatisfaction au moindre manquement.

Aimer ne relève pas de la voyance, ce n'est pas un art divinatoire. Seule une mère a la capacité d'aller au-devant des désirs de son petit enfant. Après elle, plus personne ne sera capable de le faire. Quand la première histoire d'amour est rangée dans le passé, quand la chronologie de la vie a évacué les confusions temporelles et relationnelles,

5. J. Cournut, *op. cit.*, p. 152.

quand une personne a accepté de marcher en regardant droit devant elle et non plus vers l'arrière, alors il est possible d'affirmer qu'elle a grandi, qu'elle a renoncé aux rêves d'omnipotence de l'enfance. Ce qui ne signifie pas qu'elle a entamé un chemin de croix : bien au contraire, puisqu'elle sera en mesure de faire des choix, de prendre des décisions qui iront dans le sens de son projet de vie. Renoncer à l'« amour parfait », dont nul ne sait véritablement ce qu'il est, revient donc à renoncer à toute forme d'amour inconditionnel et totalement sécurisant car il faut bien admettre que jamais deux personnes ne pourront satisfaire mutuellement tous leurs désirs. Même si certains espoirs s'effacent, si des illusions tombent, il reste néanmoins un amour adulte bien réel.

Clore définitivement le chapitre du premier amour est le meilleur moyen pour pouvoir écrire de nouveaux chapitres remplis d'amour, d'autres amours.

Arrêter de rêver sa vie

S'il est terriblement difficile de devoir renoncer aux rêves impossibles, en particulier à celui du Prince-charmant-psy-maman-nounou-infirmière-magicien-voyant, il est encore plus décevant de vivre une succession de désillusions. S'il paraît particulièrement pénible de quitter la passivité, c'est-à-dire d'arrêter de tout attendre d'un homme qui transformera sa vie sans participer en quoi que ce soit à cette métamorphose, il est encore plus difficile de subir une vie qui ne convient pas. Il me semble que les séries de déceptions, les suites d'épisodes frustrants et qui n'apportent que de la souffrance sont bien plus douloureuses à vivre que le renoncement aux rêves utopiques. Si encore les femmes qui attendent le Prince charmant se contentaient de l'imaginer au creux de leur alcôve : bon, sachant qu'il ne s'agit que d'un rêve, elles pourraient, au saut du lit, entrer dans la réalité. Mais ce n'est pas ce qu'elles font : elles tentent désespérément de plaquer leurs rêves sur les hommes rencontrés, évitant la réalité de ces derniers et se plaignant ensuite de leur mauvaise volonté à être ce qu'elles voudraient qu'ils soient.

Elles semblent ignorer que « la vraie réalité » peut apporter beaucoup de joies et de bonheur, bien réels, et que les belles histoires d'amour ne sont pas seulement celles qu'elles inventent. Elles peuvent exister à condition de s'en donner les moyens – en renonçant à ce qu'elles se déroulent exactement comme dans leurs rêves. Ces « Pénélope du Prince charmant » pourraient même avoir de bonnes surprises car la réalité est bien capable de faire mieux que l'imagination. Au moins, ce sera du vécu et il serait tellement absurde de passer sa vie à la rêver !

S'il est important de conserver – et pas seulement dans le domaine de la vie amoureuse – l'entièreté de ses facultés d'émerveillement, il s'agit de faire également fonctionner ses neurones. Comme dit une de mes amies en parlant de certains romans dits « à l'eau de rose » : « Trop de sentiments, pas assez de raison. » Enchantement et raison pourraient bien représenter la meilleure alliance au temps de la rencontre – et plus tard, si affinités. Le premier pour garder la nécessaire part de magie, la seconde pour ne pas faire n'importe quoi avec n'importe qui – et souffrir. Betty s'en veut : elle n'est pas encore parvenue à vivre la relation amoureuse de ses rêves : « Je ne veux pas accepter que quiconque m'impose sa réalité ; je ne veux pas que la vie me rabaisse dans la réalité. Je sais qu'un jour je pourrai vivre exactement ce que je veux, je sais que j'en suis capable. Alors ne venez pas me parler de la réalité ni des portes étroites. Je veux un grand portail grand ouvert sur la vie et j'y ferai entrer mes rêves. » Tant il est vrai qu'en rêve, tout est permis. La pensée « magique » de l'enfant lui permet de croire que les événements vont lui obéir : elle autorise tous les fantasmes. La pensée plus raisonnable de l'adulte sait que nul être humain n'est omnipotent. Il sait aussi que sans avoir la possibilité de vivre tous les jours comme au Pays des Vilains Garçons ou dans les jardins d'Utopie, il peut néanmoins couler des jours heureux et traverser le fleuve de la vie sans que la tempête soit constamment au rendez-vous. Car l'enfant manque de nuance : pour lui, tout est « génial » ou « nul ». Un peu succinct... L'adulte, lui, s'il veut bien s'en donner la peine, sait reconnaître les subtilités et les nuances les plus fines d'un être humain et de la vie : il aura donc plus de discernement dans ses choix et ses appréciations des autres, dans la construction de sa vie amoureuse.

Se réconcilier avec la réalité

Renoncer au Prince charmant ne signifie pas accepter une relation avec n'importe qui. Renoncer à un homme qui transformerait sa vie en paradis sur terre ne veut pas dire que l'on renonce à toute forme d'émerveillement ou que l'on se résigne à la médiocrité, à une vie trop lisse et étriquée. Rassurez-vous, cette dernière est assez rare, même si les apparences... Se convaincre de cette pseudo-réalité équivaudrait à demeurer dans la pensée enfantine binaire. Judith Viorst décrit les *Renoncements nécessaires* pour devenir adulte[6] et son livre ne contient aucun regard pessimiste sur la vie. Tout au contraire : il guide le lecteur pas à pas pour l'accompagner dans une vision de la vie à la fois plus réaliste et plus heureuse dans la mesure où les renoncements n'entraînent aucune résignation, mais bien plutôt une acceptation de ce qui est inéluctable. Elle démontre que la séparation, la rupture amoureuse ne sont pas des catastrophes pour un adulte qui sait qu'il a de la valeur et que, même sans cet amour perdu, sa vie garde un sens. Elle insiste aussi sur le fait qu'« au lieu de se ressentir comme subissant toujours, faible et impuissant, un adulte sain se reconnaît comme agent responsable et force déterminante de sa vie[7] ».

Renoncer à la magie perpétuelle et constante de l'amour constitue le meilleur moyen pour sortir de la période d'intense narcissisation des premiers moments de la relation et devenir capable de regarder l'autre tel qu'il est vraiment. Sans doute l'image alors renvoyée est moins complaisante et moins flatteuse pour l'ego, mais elle a l'immense mérite d'être authentique. Ce n'est que quand le regard du partenaire

6. J. Viorst, *Les Renoncements nécessaires. Tout ce qu'il faut abandonner en route pour devenir adulte*, Robert Laffont, 1988.
7. *Ibid.*, p. 174.

est moins émerveillé, et donc moins émerveillant pour soi, que les deux postulants à l'amour vont enfin pouvoir se découvrir. Même si l'enchantement est un peu terni, rien ne dit qu'il va cesser, de façon sans doute plus imparfaite, mais en réalité forcément plus durable. C'est ainsi que le véritable respect de soi et de l'autre pourra prendre racine, grâce à une connaissance mutuelle de plus en plus approfondie, car « le véritable travail de l'amour débute lorsque les individualités refont surface en gardant en mémoire les premiers temps de la passion[8] ».

Découvrir qui est son père

Nous avons vu que le comportement de certains pères pouvait entraver la vie affective de leur fille. Leur attitude n'est que la résultante de ce qui s'est écrit progressivement au long de leur enfance et de leur adolescence, elle n'est pas née de rien.

Ils se sont bien souvent contentés de reproduire le modèle de leur propre père qui leur a généralement manqué, à eux aussi : tout leur comportement le dénonce. N'ayant pas eu de bon « paternage », ils se sont trouvés dans l'impossibilité de bien tenir leur rôle. Ils n'ont pu être que des « pères absents » ou défaillants. Ils ont sûrement été blessés et leur personnalité s'est construite sur cette blessure qu'ils n'ont pas eu l'idée ou le courage de réparer par un travail sur eux. Sans doute n'ont-ils pas non plus pratiqué l'introspection : les modèles culturels masculins n'ont jamais incité les hommes à s'interroger sur leur vie psychique et émotionnelle, à se remettre en question. Ils ne se sont donc pas donné l'opportunité de comprendre leur fille et ses attentes vis-à-vis d'eux. Ils s'étonnent même parfois de leur comportement, mais se sentent trop souvent incapables de communiquer avec elle.

Il ne sert à rien non plus d'alimenter les vieilles rancunes, cela ne fait qu'entretenir les difficultés et les problèmes. Tout au contraire,

8. G. Corneau, *N'y a-t-il pas d'amour heureux ? op. cit.*, p. 252.

il est préférable pour les femmes qui ont eu à subir des carences paternelles de se libérer de la geôle dans laquelle elles sont enfermées. Il s'agit pour elles de sortir du rôle de « victimes du père », impuissantes à agir sur un sort qu'elles ne font que subir. Il peut s'avérer utile de prendre des informations sur l'histoire de cet homme : comment a-t-il été élevé, comment se comportaient ses parents entre eux et avec lui, quel genre d'enfant et d'adolescent a-t-il été ? Les réponses à ces questions vont permettre sinon de l'excuser, du moins de mieux le comprendre. Car peut-être a-t-il subi lui aussi des carences parentales dont il n'a jamais voulu parler pour protéger ses parents ou leur image. Cette démarche s'avère toujours riche de renseignements fort nécessaires pour la compréhension de ce personnage et de ses erreurs. Il peut aussi être très profitable, pour le père et sa fille devenue adulte, de se parler – enfin ! Si l'initiative de cet échange incombe aux femmes, il se peut qu'elles éprouvent quelques difficultés à faire le premier pas : pudeur, gêne, peur encore de déplaire peut-être, certitude que cela ne servira à rien, qu'il est trop tard. Je peux vous assurer qu'il n'est jamais trop tard pour décider de parler à son père, de lui exprimer sa peine et ses regrets, ses attentes déçues, pour aller à la rencontre de cet homme si souvent trop secret, que l'on connaît si mal. Il est possible que la communication reste à sens unique, mais elle aura eu le mérite d'exister. Delphine, après avoir découvert une partie de l'enfance de son père, comprend un peu mieux ses manques : « C'est l'histoire d'un garçonnet, mon père, et de ses frères cadets terrifiés par leur père, paranoïaque, alcoolique, frustré et violent et dont la mère assez immature a toujours été malheureusement trop soumise pour oser protester. » Toutes les femmes qui ont pris un jour leur courage à deux mains – il en faut, c'est certain – pour parler à leur père, pour l'écouter parler de lui s'il y consent, ne l'ont jamais regretté. Tout au contraire, elles ont toutes ressenti un immense bien-être, un soulagement et, surtout, un regain d'énergie qui les a étonnées.

Céline s'est un jour libérée de toute la hargne qu'elle avait accumulée contre son père « coureur de jupons » qui, apparemment très fier de lui, lui présentait ses jeunes maîtresses. Il y a deux ans, elle lui a donné un rendez-vous pour s'« expliquer ». Il a accepté de s'y rendre et, deux heures durant, en lui demandant de l'écouter jusqu'au bout, elle lui a dit toute sa rage, sa déception, son dégoût et sa tristesse. Elle lui a expliqué combien il lui était difficile voire impossible de pouvoir faire confiance à un homme. Elle lui a démontré combien ses agissements l'avaient profondément blessée et que cette blessure ne s'était pas refermée. C'était il y a deux ans. Elle a aujourd'hui trente-cinq ans et a enfin pu rencontrer un homme avec lequel elle est en train de construire une relation solide. En parlant à son père, elle est sortie de la prison où la maintenait sa colère. Quand les attentes vis-à-vis du père sont verbalisées, quand les espoirs - et les désespoirs - ont été dits, il est plus facile pour ces femmes d'y renoncer et donc de ne plus chercher à les satisfaire auprès d'un homme qui, malgré toute sa bonne volonté, ne sera jamais un père.

Renoncer au père parfait

Quand le père a été trop longtemps idéalisé, il est également difficile de faire des rencontres qui peuvent aboutir à la construction d'une relation. Les femmes dont le père est le « modèle », le héros, ne parviennent pas à apprécier à leur juste valeur les hommes qui sont sur leur chemin : ils ne sont jamais assez bien, comparés à ce père dont ils n'arrivent pas à la cheville. La condescendance, le mépris sont trop souvent au rendez-vous avec ces hommes qui partent déjà avec un handicap insurmontable : ils ne sont pas le Père tant aimé, adoré, et ils ne le seront jamais. Les dés sont pipés : tout est écrit dès avant la rencontre. Ces femmes ont peur de transgresser une loi non écrite et implicite, dictée inconsciemment par le père : « nul autre que moi tu n'aimeras ». C'est donc par loyauté envers ce père possessif que ces femmes restent seules. Elles ont tout intérêt à le faire descendre du piédestal où elles l'ont perché depuis des années : en le considérant avec plus de lucidité, elles comprendront qu'il est un être humain, certes rempli de qualités mais également faillible, à l'instar de tous les humains. Il leur faudra donc renoncer à cette idolâtrie qui barre la route de leur vie amoureuse. Si elles acceptent d'être imparfaites, elles sont capables de se résoudre à n'avoir pas un père parfait et peuvent lui dire ainsi qu'il n'a plus à faire semblant de l'être, à tenter maladroitement de cacher ses failles. Car il est bien préférable d'avoir un père imparfait et entier plutôt qu'un « morceau » de père - ce qu'il veut bien montrer de lui, l'autre partie restant dans l'ombre.

Renoncer au père parfait, c'est renoncer à recevoir cet amour paternel d'un autre homme dont le rôle serait de le remplacer. C'est reconnaître que trop souvent, lors de rencontres décevantes, ces femmes sont encore dans cette quête inutile et vaine. Ce n'est qu'en décidant de s'interroger sur leur relation avec leur père qu'elles mettront en évidence leurs aspirations illusoires vis-à-vis des hommes. Aucun ne pourra se substituer à leur père : qu'il ait « péché » par défaut ou par excès, il convient de ne pas mélanger les rôles et les fonctions.

Se dégager du couple mère/fille

Nous avons vu combien la relation mère/fille était chargée de culpabilité : culpabilité le plus souvent mise en place par les mères qui refusent de laisser partir leur fille. Or chaque être humain a le droit de vivre pour lui-même, et les femmes ont un immense travail à faire : devenir indépendantes de leur mère, même si, malheureusement, elle peut en souffrir. Il ne s'agit pas de se fâcher - bien que ce soit parfois une étape très utile, car l'expression de la colère a pour fonction d'être structurante et donc de favoriser l'autonomie. Il est question de choisir la vie que l'on veut mener, quitte à désobéir à sa mère quand elle refuse cette prise d'indépendance. Même si la mère n'est pas heureuse dans son couple, la fille n'a pas pour mission de la guérir de sa dépression, ni d'en être la « fille de compagnie », ni de réparer sa vie de femme en général. Nul être au monde n'a pour devoir de se plier à ses dépens aux désirs d'une autre personne, même s'il s'agit de ceux de sa propre mère.

L'étape de l'analyse et de la compréhension de cette relation tellement particulière est un préalable auquel nulle femme, célibataire ou non, ne peut échapper. « Toutes captives qu'elles sont, les femmes doivent interroger [...] leur relation à leur mère[9] » pour la changer et sortir de cette prison affective. Si la mère ne veut rien entendre, si elle n'accepte pas que sa fille veuille se détacher de son emprise, si elle pense que sa fille agit contre elle alors qu'elle ne le fait que pour elle-même, c'est fort dommage, mais cette attitude ne doit pas affaiblir la détermination de sa fille. Si une mère n'autorise pas la prise d'indépendance de sa fille, celle-ci devra se donner à elle-même cette permission : sinon sa vie sera vécue comme une fatalité. Se libérer de la tutelle maternelle constitue la seule solution pour combattre la confusion identitaire et prendre conscience en profondeur de ses élans, de ses aspirations essentielles. Lorsqu'une femme comprend à quel point il est important pour elle de se différencier de sa mère, elle peut alors - mais alors seulement - faire ses propres choix et décider de sa vie. L'entreprise de désidentification ne peut avoir lieu que lorsque les femmes ont pris conscience de la nature de cette relation mère/fille. Ce travail est possible tout en respectant l'amour filial : il demande souvent un accompagnement thérapeutique tant il est porteur de souffrance.

Une nécessaire séparation

Se différencier de sa mère consiste à « couper le cordon », ce lien invisible mais tellement puissant : c'est « le "défusionnement" que l'on doit poursuivre, difficilement le plus souvent, pour acquérir [...] notre propre identité[10] ». Ce n'est qu'ainsi qu'une femme arrivera à devenir adulte. Et cela suppose bien des efforts, bien des déchirements, mais il semble qu'il s'agisse là du prix à payer pour parvenir à s'aimer soi-même et éviter que les hommes fassent les frais d'une fusion qui n'en finit pas. La tâche des femmes consiste à trouver la bonne distance avec leur mère, sans céder aux tentatives de celle-ci

9. A. Naouri, *op. cit.*, p. 214.
10. A. Ancelin Schützenberger, *op. cit.*, p. 114.

pour se réapproprier une fille qui s'éloigne d'elle, qui se découvre « une » et entière, différente et autonome. Mère et fille vivront certainement une forme de « deuil », lié à cette nécessaire séparation, mais l'une et l'autre devront s'adapter à ce processus d'individuation qui tourne la page sur la première histoire d'amour et libère les femmes pour des amours d'adultes.

Si la relation avec sa mère est suffisamment bonne, il est possible de lui parler de cette désidentification nécessaire, car « parler résout la douleur[11] ». Une fille pourra exprimer ce qu'elle ressent, expliquer qu'elle veut briser le cercle infernal des répétitions du destin des femmes de sa lignée, des transmissions qui, de génération en génération, les ont emprisonnées. Quand des mots sont mis sur des émotions douloureuses et trop longtemps gardées au fond de soi, dans une solitude remplie de souffrances qu'on n'ose pas dire, la peine s'amenuise, l'angoisse se dilue et la lumière apparaît enfin au bout du tunnel de silence. L'échange peut s'avérer fructueux si la fille ose confronter sa mère et si cette dernière accepte de l'entendre. Pourtant, certaines femmes mettent parfois des années avant d'accepter de rompre ce cordon ombilical qui les retient prisonnières de leur mère : la culpabilité semble trop grande, tout comme la peur de perdre un lieu de sécurité et d'amour. Mais cette certitude n'est qu'un leurre : quoi de plus insécurisant que cet amour qui ligote, qui met en cage ? Tant que dure cette peur, il est très difficile de rompre ce lien, d'en changer la nature pour construire avec sa mère une relation saine. Acquérir son indépendance passe ainsi souvent par l'expression – si pénible – de ses griefs. Si ce passage souvent « incontournable » et courageux n'est certes pas une partie de plaisir, il autorise ensuite la compréhension et l'acceptation du fait que sa propre mère a elle-même vécu de telles affres sans parvenir à y résister.

Car il est particulièrement torturant pour une fille de prendre conscience que sa toute-puissante mère est elle aussi imparfaite – comme son père – et qu'elle est une victime de sa propre mère. Le

11. D. Dumas, *op. cit.*, p. 130.

stade de la compréhension ne pourra venir qu'après l'acceptation de cette réalité. Mathilde, passé le temps de la colère, a réussi à se construire une bonne mère intérieure et à regarder sa mère autrement : « J'ai toujours eu l'impression que ma mère ne m'aimait pas. Aujourd'hui, je sais qu'elle m'aime à sa façon et j'accepte son amour tel qu'il est. » Elle a dû, comme beaucoup d'autres femmes, apprendre à se materner toute seule. Delphine reconnaît aujourd'hui que sa mère était « une enfant étouffée par des prérogatives parentales abusives de réussite. Vite en échec scolaire sous tant de pressions, la suite ne fut qu'une longue litanie de jérémiades émanant de son père et de sa mère, cette dernière névrotique, surtout très directive sous des airs faussement "cools" et détachés ». Tout comme Arielle : « Aujourd'hui, j'accepte ce qu'est ma mère, je prends les bonnes choses, je lui laisse gérer les mauvaises et je l'envoie balader lorsqu'elle se fait un peu trop présente dans ma vie. Mais il est toujours difficile de parler avec elle, elle prend tout comme un reproche, se vexe et se sent coupable. Je considère que cette réaction la regarde, que ce n'est plus mon problème. »

Ainsi les femmes peuvent récupérer leur « propre responsabilité psychique[12] ». Si certaines préfèrent alimenter quotidiennement leur colère pendant de trop longues années ou continuer à s'enliser dans leur culpabilité, d'autres choisiront de grandir, de sortir de l'enfance en empruntant les chemins du détachement et de l'indépendance – pour leur plus grand bien.

Pour trouver la paix en soi vis-à-vis de ses parents – et avec eux, dans les meilleurs des cas –, il me semble important de se souvenir que, la plupart du temps, ces parents ont été tout autant prisonniers de leurs propres parents et qu'ils ne font que reproduire les carences parentales qu'ils ont eux-mêmes subies. Nul être au monde ne peut donner autre chose que ce qu'il possède en lui – sauf s'il décide de comprendre ce qui l'a façonné pour avoir la faculté d'innover.

12. J. Godfrind, *op. cit.*, p. 106.

Les partenaires d'un futur couple auraient d'ailleurs tout avantage à accepter de se parler, se raconter, se confier, et, ensemble, échanger sur leurs propres parents pour mieux se comprendre mutuellement.

5. Se tourner vers l'autre

Après avoir passé beaucoup de temps à la plainte et aux pleurs sur un sort trop contraire, il semble qu'il devienne nécessaire de se consacrer à la découverte de l'autre : aller vers lui pour le connaître et pas uniquement pour se satisfaire soi-même.

Accepter les différences

Nous avons expliqué (voir p. 48) comment la perception d'un « autre différent de soi » était porteuse de peurs, et en particulier la peur de la séparation. Pourtant, il faut bien s'y résoudre : l'autre n'est pas « un autre moi-même », comme dit la chanson.

Regarder l'autre tel qu'il est, c'est d'abord le considérer en tant qu'être unique. Les points communs, les ressemblances n'y changeront rien. L'extase ressentie grâce à la formule « il est comme moi ! » ne peut pas durer longtemps, à moins de s'aveugler ou de refuser de le regarder avec des yeux curieux de découvrir justement qui il est. Un jour, la réalité reprendra le dessus et ses droits, ce qui n'est pas à considérer nécessairement comme un cataclysme. Tout au contraire ! Le fait de ne pas être « le même » ne constitue pas en soi un défaut : c'est pourquoi le moindre des respects est de considérer l'homme de rencontre tel qu'il est et non comme on souhaite qu'il soit. D'autant plus que les femmes ne supportent pas cette attitude venant des hommes. Une femme épanouie désire être acceptée telle qu'elle est, elle veut que sa personnalité soit reconnue : il en va de même pour les hommes. La difficulté à accepter les différences semble pour beaucoup véritablement insupportable : car l'admettre « signe la perte de l'illusion d'omnipotence en même temps que la perte de l'objet[13] » et signifie le renoncement à l'amour fusionnel. Lorsqu'un être humain accepte cette différence qui nécessairement sépare, il peut enfin grandir et se structurer en tant qu'adulte capable de penser par lui-même. Sinon, il se retrouve dans l'infinie répétition « mortifère du même, du clone, du toujours déjà là pour toujours, sans changement[14] ».

Accepter sa propre imperfection

Malgré sa légendaire capacité d'intuition - qui n'est pas que féminine -, aucune femme ne peut se fier aux « indices provisoires[15] » des premières rencontres. Ses pressentiments se trouvent complètement faussés, parasités par son intense besoin de narcissisation. Son désir de rencontrer un homme parfait est dicté par sa quête de se sentir parfaite elle-même : s'il est parfait, elle se sentira valorisée. Tout se passe comme si elle pouvait s'approprier la perfection de l'autre : c'est ce qui arrive dans les moments de passion, où l'on s'aime... soi-même passionnément ! C'est bien pourquoi la conscience de sa propre valeur est tellement nécessaire. Elle viendra atténuer ce désir absolu, dirigé exclusivement vers soi : s'aimer enfin à travers un regard masculin. Accepter l'autre tel qu'il est deviendra plus facile : c'est un être humain imparfait qui attire - et qui est attiré - par une femme également imparfaite et qui admet cette mutuelle imperfection. Il semble qu'il n'y ait pas d'autres choix. Pourquoi alors ne pas se comporter comme dans les rencontres avec des amis ? Une femme peut s'attendrir devant la maladresse ou la timidité d'un ami alors qu'elle sera intransigeante avec un partenaire potentiel qu'elle trouve timide ou maladroit. Si les femmes apprécient grandement la gentillesse de leurs amis, elles assimilent celle de leurs partenaires à de la mollesse. Évidemment, dans les choix amicaux, le désir d'identification est bien moindre : la bienveillance est présente. Ce qui ne signifie pas que tout

13. *Ibid.*, p. 20.
14. J. Cournut, *op. cit.*, p. 52.
15. J.-C. Kaufmann, *op. cit.*, p. 113.

le monde ou n'importe qui puisse devenir un ami : l'exigence et le jugement n'ont pas à être absents, mais ils sont moins féroces, car l'enjeu est bien moins fort.

En apprenant à mieux comprendre l'autre, en se donnant (lui donnant) du temps pour le découvrir, une femme s'offre plus de chance d'être capable d'apprécier ses qualités tout en prenant conscience de ses limites. C'est la compatibilité des imperfections réunies qui pourra donner la mesure de l'entente entre les protagonistes. Car il faut bien admettre que nul homme au monde ne peut offrir ce qu'il ne possède pas – tout comme les femmes sont dans l'impossibilité de combler toutes les attentes d'un homme. Souvenons-nous que les hommes et les femmes ne donnent pas les mêmes marques d'amour, qu'ils sont aussi différents dans leur façon d'aimer.

Beaucoup d'hommes déplorent aujourd'hui l'exigence et la dureté des femmes à leur égard : ils ont le sentiment qu'elles prennent tout en main : le début de la relation, son déroulement et la fin, sans qu'ils aient leur mot à dire. Ils ont l'impression qu'ils ne possèdent plus aucun territoire pour s'exprimer, pour agir, et qu'ils demeurent sous le contrôle de ces femmes autoritaires du début à la fin de la relation. « Les hommes sont très exigeants », disent-elles. Sûrement, et pourquoi ne le seraient-ils pas, puisqu'elles le sont aussi ? Mais dans ce livre, nous parlons des exigences des femmes, et je reste persuadée que beaucoup d'entre elles sauraient parfaitement bien se montrer à la hauteur de celles de ces messieurs.

Mieux comprendre le masculin

Beaucoup de femmes sont persuadées – nul ne sait pourquoi – qu'elles connaissent bien les hommes : intuition, prescience, pratique intense ? Pourtant, elles sont remplies de préjugés, de jugements tellement tranchants sur ces messieurs qu'elles démontrent trop souvent leur rigidité à l'égard du monde masculin. Ces méconnaissances – qu'elles prennent pour des vérités – remontent loin dans leur histoire : elles se sont installées progressivement et il semble qu'elles refusent d'en démordre. D'autant plus qu'elles laissent rarement un territoire de parole suffisant à leurs éventuels partenaires pour qu'ils aient la possibilité de s'exprimer sur ce qu'ils sont, sur leurs aspirations. Croyant tout savoir et tout comprendre, elles négligent de les écouter. Trop souvent, ils se résignent au silence dans lequel elles les tiennent. Comme elles croient généralement que la vie intérieure d'un homme est moins riche que celle d'une femme, elles ne prennent pas la peine de tenter de la découvrir. Les a priori concernant les hommes, y compris leur sexualité, sont encore très enracinés, à l'origine des confusions coutumières : le masculin est assimilé à la violence, le féminin à l'angélisme. Malgré leur caractère un peu trop simpliste et réducteur, ces croyances existent bien en toile de fond, inconsciemment, dans toute rencontre entre un homme et une femme.

« Il existe de multiples masculinités, comme il existe de multiples féminités[16]. » C'est donc bien le sens de la nuance que les femmes devraient acquérir sur cette question, car cela impliquerait que tous les hommes ne sont pas violents, lâches, etc. Ceci pour leur confort, certes, mais aussi pour leur bien-être et leur tranquillité. À trop cultiver le sexisme misandre, elles-mêmes s'exposent à rester dans une ignorance qui n'entraîne de part et d'autre que des souffrances dont elles pourraient faire l'économie. Bourreaux et victimes existent des deux côtés. S'il est incontestable et déplorable que de trop nombreuses femmes sont victimes des brutalités et de la violence masculine, il ne convient pas pour autant de classer tous les hommes dans la catégorie des « bêtes sauvages ». Et qui dit que seul le masculin est tueur? Il paraît utile ici de rappeler que beaucoup plus de femmes que l'on ne croit peuvent aussi être rangées dans la catégorie « violence » : les prédatrices existent également. Le masculin ne se résume pas au désir de conquête, à la recherche des performances ou au déploiement de la force physique. Les hommes, tout comme les femmes, possèdent des neurones et un cœur... « Quand un sexe souffre, l'autre souffre aussi[17] », et la société des femmes est de plus

16. É. Badinter, *Fausse route*, *op. cit.*, p. 68.
17. M. Mead, citée par É. Badinter, *ibid.*, p. 180.

en plus exigeante avec eux. Pourquoi alors tentent-elles de s'approprier les aspects masculins qu'elles condamnent ?

Elles semblent ignorer à quel point les hommes sont la proie de pressions multiples pour se montrer quotidiennement à la hauteur de la virilité qu'ils incarnent : « Le privilège masculin est aussi un piège et il trouve sa contrepartie dans la tension et la contention permanente, parfois poussées jusqu'à l'absurde, qu'impose à chaque homme le devoir d'affirmer en toute circonstance sa virilité[18]. » Pour prouver cette virilité, souvent dans la contrainte psychologique, les hommes doivent se montrer non pas courageux mais téméraires, ils sont contraints de se mettre dans des situations qu'ils jugent parfois périlleuses sous peine d'être qualifiés de « mauviettes ». Ils doivent aussi souffrir en silence et accepter de participer à des actes « virils » qu'en eux-mêmes ils condamnent. Les pratiques de bizutage sont très « soft » face à d'autres beaucoup plus brutales. Le « prototype de mâle héroïque et dur[19] », insensible au mal, correspond au conditionnement multiséculaire des garçons : ce n'est pas pour autant qu'un homme est dénué de sensibilité. Les femmes luttent encore contre les mythes féminins ancestraux de douceur, de fragilité et de soumission : comment alors ne pas s'insurger contre les stéréotypes masculins qui enferment les hommes ?

Les hommes ont peur des femmes

Nous avons décrit le couple mère/fille qui condamnait les femmes à une trop grande dépendance avec leur mère. Ce n'est malheureusement pas l'apanage des filles que de vivre un amour fusionnel avec leur mère : les garçons « doivent s'arracher à la quasi-symbiose imaginaire avec la mère[20] ». Comme avec les filles, le rôle du père est de séparer le fils de sa mère, sinon, la relation mère/fils fabriquera le plus souvent des hommes qui ont peur des femmes – ou qui les haïs-

18. G. Corneau, *N'y a-t-il pas d'amour heureux ?*, *op. cit.*, p. 56.
19. G. Corneau, *op. cit.*, p. 27.
20. P. Bourdieu, *op. cit.*, p. 31.

sent. Il est plus facile pour un père d'éloigner progressivement son fils de sa mère – il n'est pas « le même », comme l'est sa fille, et la relation n'est pas du même ordre –, mais à condition seulement que la mère accepte de laisser le père jouer ce rôle. Ce qui n'est pas gagné d'avance : peu de mères vivent avec plaisir les élans de leur fils grandi vers d'autres femmes. Alors, comme pour les filles, les fils devront se résigner à « abandonner leur mère » – c'est ainsi qu'elles le vivent. La culpabilité est au rendez-vous de cette normale attirance vers d'autres bras, d'autres amours.

Quand un homme rencontre une femme autoritaire et contrôlante – castratrice : qui l'empêche d'être lui-même –, comment éviter qu'il ne se sente pas à nouveau sous la coupe d'une mère intrusive et autoritaire ? Comment éviter que la colère ne l'envahisse, colère dirigée non pas contre cette femme mais contre le féminin qui ne le respecte pas ? Quand une femme est trop en demande de marques d'attention, il ne peut que la comparer à sa propre mère, avide de l'amour de son fils, et s'éloigner. Non pas par refus de s'engager, mais par peur de revivre les mêmes affres, les mêmes contraintes. Pourquoi un homme accepterait-il d'être transformé en objet pour combler des attentes amoureuses alors qu'une femme refuse à juste titre d'être considérée également comme un objet ? « Objétiser » l'autre, quelle que soit le type de relation, est hautement préjudiciable. D'autant plus que cette peur des femmes qu'ont les hommes remonte à leur « premier chagrin d'amour » : leur mère, cette femme adorée, leur a été infidèle puisque depuis son mariage, elle les « trompe » avec leur père : « Premier amour, première perte, manque à jamais : depuis, il est méfiant[21] ». Car c'est bien de cela qu'il s'agit : de méfiance, d'angoisse et de sentiment de trahison. Les femmes auraient tout intérêt à comprendre qu'elles n'ont pas à attiser ce sentiment d'insécurité. Elles se trouveraient mieux si elles cherchaient à installer une relation fondée sur la confiance en reconnaissant l'existence de ce passé chez celui qu'elles rencontrent.

21. J. Cournut, *op. cit.*, p. 19.

Lorsqu'un homme se plaint de fréquenter une femme qui l'empêche de respirer, qui l'étouffe – qui ressemble trop à sa mère –, quand il craint qu'elle veuille lui « mettre la corde au cou », le message est clair, mais peu de femmes semblent vouloir le comprendre. La seule déduction qu'elles se montrent capables de faire ressemble à « encore un lâche qui veut profiter de moi mais qui refuse de s'engager ». Si cette éventualité existe, évidemment, cette femme devrait plutôt se questionner sur son comportement étouffant qui met cet homme en apnée, qui l'empêche réellement de se comporter en individu autonome. Si sa réflexion est un tant soit peu lucide, elle s'apercevra qu'elle n'a pas permis à cet homme de s'affirmer, d'exprimer ses propres désirs et insatisfactions, ses espoirs et ses manques, de raconter son histoire, tout simplement. Une femme adulte sait qu'elle peut sans crainte écouter un homme parler de ce qu'il ressent : elle pourra découvrir ses sentiments et sa vie très personnelle. Pour ce faire, il convient d'éprouver l'envie de le comprendre et d'aller plus loin dans cette découverte : ne se sentant plus contrôlé, il acceptera de sortir de son mutisme, en toute confiance. Pour cela, il faut se donner du temps et adopter une attitude interne dénuée d'a priori négatifs. Toute colère contre le père engrangée dans les vieux et mauvais souvenirs disparue, les femmes n'ont plus à se venger des carences paternelles – et maternelles – contre les hommes.

6. Apprendre à conjuguer le verbe aimer

Si la conjugaison de ce verbe est simple, il n'en va pas toujours de même lorsqu'il s'agit de la traduire dans les faits et ces pages ne se veulent pas un guide pratique de l'amour – s'il était possible d'en écrire un qui soit exhaustif ! Je parlerai simplement de deux éléments qui me semblent aussi importants l'un que l'autre : savoir recevoir et savoir donner, expressions bien souvent oubliées de l'amour.

Aimer, c'est recevoir

Effectivement, aimer, c'est pouvoir lâcher toute forme de contrôle sur soi et sur l'autre pour s'autoriser à recevoir de l'amour – sous ses formes multiples –, accepter ce qui est offert. Pourtant, chez les « amazones », les « guerrières », les victimes et tant d'autres, l'acceptation du don correspondrait à une marque de faiblesse : « Il faudrait que je me laisse aller et que j'arrête de vouloir tout maîtriser, que je lui laisse la possibilité de m'aimer » (Mathilde). Pensent-elles qu'on cherche à les dévaloriser ou à les dominer en étant généreux, attentif à elles ? Cette attitude se retrouve aussi dans la sexualité : de nombreuses femmes refusent de « lâcher prise » en faisant l'amour par peur de devenir l'objet de leur amant et d'être trop sous l'influence de leurs mutuels désirs. Elles tentent ainsi de se défendre contre une éventuelle prise de pouvoir sur elles – et sont les premières à en souffrir, tout en privant leur amant du plaisir de les satisfaire. Leur frustration est à la hauteur de leur peur. Car « aimer, c'est se donner et s'ouvrir à l'autre, c'est une évidence » (Sophia), c'est accueillir l'autre dans ce qu'il donne : une belle preuve d'amour.

Les marques d'amour sont variables à l'infini et certaines femmes ne savent pas les voir, s'empêchant de les apprécier. Davantage attentives à ce qu'elles ne reçoivent pas et qu'elles attendent, elles restent aveugles à ce que leur partenaire leur apporte : elles ne voient que le verre à moitié vide. Écoutons plutôt leurs attentes : « Aimer, c'est être avec quelqu'un qui est indispensable à votre équilibre, à votre bien-être, à votre vie », « Pour que l'alchimie du début perdure, il faut pouvoir rencontrer celui avec qui je pourrai cultiver mon jardin intime sans perdre un instant mon sentiment de liberté », « L'amour, c'est une présence qui m'oblige à me poser ». Ces attentes exprimées en quelques phrases ressemblent davantage à des exigences qu'à des marques d'amour réelles. Dans ces cas, le partenaire ne serait qu'un « plus » sans doute nécessaire mais plutôt « utilitaire » et utilisé. Pourtant, si ces femmes se donnaient la peine d'ouvrir les yeux, beaucoup s'apercevraient que l'autre peut les combler d'une pléiade d'attentions, attentions parfois refusées, dédaignées car différentes des prévisions imaginées au préalable. Si ces femmes renonçaient à leur rigidité, si elles reconnaissaient que ce qu'elles attendent est trop souvent dicté par une histoire de vie ponctuée de manques et de rancœur, si elles voulaient bien reconsidérer tous leurs a priori, elles accepteraient sûrement mieux ce qui leur est offert. Et si ce qu'elles reçoivent ne leur convient pas, il suffit de l'expliquer après avoir dit merci et avant d'exprimer ses préférences.

Accepter de recevoir de l'amour demande aussi une bonne estime de soi : « si je ne m'aime pas, je crois que je ne mérite pas qu'on m'aime et je refuserai toute marque d'amour ». Une femme qui s'accorde de la valeur trouvera du plaisir à recevoir de l'amour et ce plaisir, transmis en miroir à celui qui donne, l'incitera à l'aimer encore davantage. Dans le cas contraire, le partenaire, continuellement déçu et désarçonné dans ses élans, finira par se recroqueviller devant l'incompréhension de sa partenaire : il donnera de moins en moins jusqu'à ce que la relation s'arrête, faute d'avoir été nourrie par un plaisir partagé, celui de donner et de recevoir. Car il est vexant de se voir sans arrêt repoussé : si recevoir est très plaisant, donner l'est tout autant.

Aimer, c'est donner

De nombreuses femmes, comme Sophia, savent bien qu'aimer, c'est donner : de l'écoute, de l'attention, du partage, du soutien, du respect de ce qu'est l'autre – c'est donner tout ce que l'on aime recevoir, et plus encore. « Aimer signifie être bien avec une personne telle qu'on est, être en confiance, lui vouloir du bien, la respecter, la désirer », « Aimer, c'est compatir, aimer l'autre comme il est, c'est lui laisser une certaine indépendance (ne pas l'étouffer), c'est vouloir partager avec l'être aimé, c'est être tendre, affectueuse, à l'écoute ».

Donner, c'est aussi être capable de parler de soi, de dire ses attentes – et non d'émettre des revendications. Car c'est un don véritable et inestimable que de s'ouvrir à quelqu'un pour se dévoiler, pour exprimer ses doutes et ses espoirs, ses craintes et ses désirs : le cadeau, c'est cette confiance – qui autorisera l'homme devenu confident à parler de lui à son tour, à ouvrir son cœur en toute quiétude : « Pour me protéger, je ne me suis jamais vraiment livrée et je n'ai montré de moi que la face visible de l'iceberg. Cela faussait la relation dès le départ : je n'ai pas laissé de chance à mes partenaires de me connaître vraiment et je n'ai pas non plus cherché à bien les connaître. L'absence de communication sincère a eu raison de chacune de mes relations » (Arielle). Comme nous nourrissons tous et toutes un idéal d'amour qui nous est très personnel, il nous appartient de le partager : savoir l'exprimer et l'entendre de la part de l'autre. Pour cela, il vaut mieux s'accepter soi-même, avec ses manques et ses ressources, avec sa vulnérabilité et ses forces – la plus grande force étant d'admettre ses faiblesses –, avec ses hontes parfois et avec sa puissance personnelle, avec ses culpabilités et ses réussites, ses questions et ses souhaits. Cet échange – ces échanges, plutôt – ne peuvent être que fructueux tant pour instaurer une confiance et un respect essentiels à toute bonne relation que pour savoir si cet autre est « compatible » – et réciproquement. Il serait vraiment trop injuste de ne vouloir que demander, ou pire, exiger, imposer. Qui pourrait avoir envie de passer sa vie à donner sans rien recevoir en échange ? Même le plus grand dévouement ne peut se contenter de ce sens unique. Quand une femme est capable de parler ainsi d'elle-même, elle sait aimer, car la parole est un don.

Distinguer « être amoureuse » et « aimer »

Si les « symptômes » se ressemblent, ils ne recouvrent pas le même sentiment et n'ont surtout pas la même durée dans le temps. L'attirance n'est pas de l'amour : pourtant, la confusion est fréquente – incompréhensible pour beaucoup quand l'histoire est finie. Être amoureuse, c'est ce que Boris Cyrulnik appelle « l'irrésistible attirance » : il s'agit d'un désir de tout l'être qui est comme aimanté par l'autre. Il faut être près de lui, tout le temps, il faut le toucher, percevoir son souffle et apprendre son odeur, il faut entendre sa voix, s'attacher à son regard. L'énergie tout entière est portée par une multitude de sensations toujours renouvelées, excitantes, fabuleuses. Toutes ces émotions bouleversent et font vibrer, mais ce n'est pas de l'amour : celui-ci demande une connaissance en profondeur qui ne peut exister qu'avec le temps.

Les premiers moments amoureux sont emplis d'un désir ardent, d'un appétit insatiable, d'une gourmandise et d'une avidité pour posséder. Nous avons vu ce que recouvrait ce grand mouvement vers l'autre. Mouvement qui se transformera peut-être en amour quand la réalité aura su prendre sa place. La vérité apparaîtra sûrement très vite : quand il s'agit de la seule convoitise narcissique, l'autre perdra tous ses attraits une fois sa tâche accomplie. Si tel est ce désir, la femme se détournera de cet homme qui aura su lui confirmer sa valeur.

Tout se passe différemment quand il s'agit d'amour : le regard sur l'autre ne sera plus le même. La curiosité, l'envie et le besoin de savoir qui il est compléteront l'agitation si plaisante des débuts. Non pas que la connaissance et l'apprentissage de l'autre ne constituent pas des moments délicieux : le goût en est différent. Cet autre pourra parfois déplaire, étonner, faire douter : comment pourrait-il en être autrement ? Les découvertes successives seront d'un bonheur variable, mais elles permettront de se connaître. D'autant plus qu'une écoute bienveillante sera source de compassion, d'attendrissement aussi, parfois. L'histoire d'un être humain le rend souvent attachant, même si plus tard il s'avère que la relation n'est pas possible. Mais si elle dure, naîtra de part et d'autre un désir de protéger, de consoler, d'écouter et de partager : ce ne sont pas des verbes à conjuguer seulement au féminin. Un véritable amour saura s'accommoder d'une connaissance réaliste de l'autre car « dans la mesure où l'être cher incarne certains idéaux, on continue à le considérer comme idéal[22] », même si l'on sait que l'idéal n'existe pas. C'est ainsi que se construisent les amours heureux, dans ce compromis entre les attentes et la vérité de l'autre.

---

22. J. Viorst, *op. cit.*, p. 211.

Donner du temps à l'amour

« Si l'émerveillement est une manne qui tombe du ciel, la durée est une terre de culture, à toujours sillonner, sans friche et sans jachère[23] », autrement dit, rien n'est jamais acquis. Or nous sommes dans une culture de l'éphémère, du rapide, où l'on prend l'habitude de jeter la voiture quand le cendrier est plein... Trois rendez-vous et l'homme rejeté tombe aux oubliettes : il n'aura pas été suffisamment ceci, ou aura montré qu'il est trop cela. S'il est des cas où c'est vrai et où il est tout à fait légitime de ne pas prolonger des tête-à-tête décevants, il convient de ne pas en faire une manie. Ou alors il faut reprendre le livre depuis le début pour comprendre ce qui se passe réellement. Tout comme une femme ne fascine pas automatiquement un homme dès la première seconde, la réciproque est tout aussi vraie – et plausible. Rencontrer quelqu'un ne doit pas se limiter à quelques heures passées ensemble : il faut beaucoup de temps pour se connaître et de l'énergie pour en aviver l'envie. Aller vers l'autre, passer de longs moments ensemble, accepter que l'autre se rapproche et s'approcher de lui sont des ingrédients essentiels à la mise en place d'une relation durable.

C'est la durée qui fait le plus souvent défaut dans le quotidien de ces femmes qui multiplient les petits bouts de vie à deux : prennent-elles suffisamment de temps pour savoir vraiment qui est l'autre, lui laissent-elles le temps d'apprendre à savoir qui elles sont ? Quelles chances donnent-elles à la relation qui pourrait naître ? Il est certain qu'il est plus facile de se plaire pour un week-end que dans la durée. Il ne suffit pas de souhaiter qu'une relation perdure : il faut s'y atteler – sans inutile baguette magique –, pas toute seule bien sûr, car il faut être deux pour que ça marche.

Les deux partenaires connaîtront parfois des désillusions qui leur feront revivre, par moments, des désenchantements déjà connus

23. J. Cournut, *op. cit.*, p. 166.

il y a longtemps. Ils vivront – et ce n'est pas une vision pessimiste – des moments d'incertitude, de déception qu'ils auront à dépasser. Sachant qu'à chaque fois, ils en sortiront raffermis dans leur amour. Tout le monde sait que l'amour peut subir des perturbations plus ou moins graves sans que la relation soit nécessairement en péril. L'ambivalence va de pair avec l'amour et il est impossible d'y échapper. Respecter l'autre tout en se respectant soi-même, savoir reconnaître les limites de l'autre et les siennes sont des facteurs permettant de supporter les coups de vent. Être capable de se remettre soi-même en question, parler de soi et de ses émotions, écouter l'autre sont des marques d'amour qui démontrent que les deux partenaires ont dépassé la phase de narcissisation et qu'ils sont entrés dans la phase adulte et réaliste de leur relation. Ce qui ne signifie pas que leur couple est devenu ennuyeux. Ils ont appris que l'échange va permettre d'installer un soutien mutuel, une attention à l'autre dont chacun a besoin à certains moments pour se rassurer sur l'amour – de l'autre et pour l'autre. Car à ce stade, nous sommes en présence d'un véritable couple, union qui « sert à faire durer l'amour[24] ».

La conscience de sa propre valeur est un ingrédient nécessaire pour accepter sa part de responsabilité dans la pérennité du couple : sinon la relation risque de s'effondrer avant même les grondements du tonnerre. Sur le même plan, il convient aussi de prendre en compte le nécessaire altruisme : car comment concilier amour et égocentrisme – et je préfère ne pas évoquer l'autocentrisme ! –, comment faire cohabiter le seul souci de soi-même avec le don, comment vouloir être accepté tel que l'on est si l'on n'offre pas la réciproque ? Certaines personnes se sentent beaucoup plus concernées par elles-mêmes que par l'autre : c'est leur droit, bien sûr, et peut-être ne sont-elles pas destinées à vivre en couple, ce qui ne constitue pas en soi un handicap dans la vie.

L'estime de soi balaye les susceptibilités incompatibles avec un partage sincère, elle amoindrit la toujours possible tentation de dépen-

24. P. Brenot, *op. cit.*, p. 155.

dance à l'autre, elle autorise l'intimité. Pas seulement l'intimité physique – que l'on peut vivre avec des personnes que l'on n'aime pas. Non, il s'agit de l'intimité psychique, affective : celle qui permet de partager avec l'être aimé tout en préservant son jardin secret. Il est aussi préférable de renoncer à rester sur la défensive, à craindre la prise de pouvoir sur soi. Dans une relation amoureuse digne de ce nom, il ne devrait d'ailleurs pas y avoir de relations de pouvoir : un couple n'évolue pas sur un ring dans l'espoir de gagner ou, pire, de mettre l'autre K.-O. L'épanouissement mutuel est la clé de l'amour de soi et de l'autre.

S'aimer, aimer, être aimé(e) sont les trois supports d'une vie affective épanouissante. Ou plutôt, il serait plus juste de dire : accepter de s'aimer, savoir ce qu'aimer veut dire et le mettre en œuvre, s'autoriser et autoriser l'autre à aimer. S'entraîner à cette conjugaison du verbe aimer à la voix active : un exercice pour les femmes souffrant de vivre seules.

Conclusion

« Je dois accepter de vivre bien sans un homme plutôt que d'attendre un homme pour vivre » (Kim) ; « J'ai déjà été heureuse sans un homme dans ma vie », reconnaît très sagement Sophia qui sait que sa vie a un sens même si elle ne la partage pas avec un homme. Ainsi, il est préférable de rétablir une chronologie efficace : plutôt que se mettre en « processus de survie », en mode automatique, en attendant l'homme de sa vie, il conviendrait d'abord d'apprendre ou réapprendre à vivre bien avec soi-même. Toutes celles qui veulent s'épanouir dans une vie de couple pourront y parvenir quand elles sauront vivre leur vie par elles-mêmes et pour elles-mêmes. Bien s'entendre avec soi, comme avec sa meilleure amie et vouloir partager ensuite ce plaisir de vivre constituent les meilleurs atouts pour répondre positivement au désir d'une vie à deux. La légitime aspiration des femmes à être aimées et à vivre en couple s'enrichira encore davantage si elles souhaitent tout autant l'épanouissement de l'autre afin qu'ils s'accompagnent tout au long du chemin qu'ils vont parcourir ensemble.

Aimer et être aimé, c'est construire un lieu privilégié où les partenaires peuvent vivre en tant que personnalités différentes, autonomes et heureuses de s'y retrouver, comme deux amis. Car un partenaire en amour est aussi un ami avec qui il est possible d'être vraiment soi-même, en qui l'on a toute confiance. Il sera le confident privilégié avec qui le partage des émotions est permis, dans un respect réciproque. Car sur quoi la relation pourrait-elle se fonder si la liberté de parole n'existe pas, si la peur muselle les cœurs ? Si la séduction demeure en toile de fond, elle s'accompagne de l'expression authentique de son essence, de sa personnalité profonde.

Tout au long de ces pages, vous aurez pu prendre conscience qu'une vie à deux ne peut en aucun cas être construite dans le but de compenser des manques ou de réparer des souffrances d'antan. L'amour ne peut se fonder sur un besoin : il naît d'un désir et génère des énergies qui donneront l'élan nécessaire pour se rapprocher l'un de l'autre.

Ce livre vous a proposé une petite chronique des causes ordinaires de la douloureuse solitude des femmes. Il espère faire comprendre à toutes celles qui se sentent concernées que ce qu'elles vivent n'est pas une fatalité.

Bibliographie

- Abraham N., Torok M., *L'Écorce et le Noyau*, Aubier-Flammarion, 1978.
- Aïn J. (sous la dir. de), *Transmissions. Liens et filiations, secrets et répétitions*, Érès, 2003.
- Alberoni F., *Le Choc amoureux : recherches sur l'état naissant de l'amour*, Ramsay, 1981.
- Ancelin Schützenberger A., *Aïe, mes aïeux !*, Desclée de Brouwer/La Méridienne, 1993.
- André J. (sous la dir. de), *De la différence des sexes entre les femmes*, PUF, Petite Bibliothèque de Psychanalyse, 2000.
- André J. (sous la dir. de), *Mères et filles. La menace de l'identique*, PUF, Petite Bibliothèque de Psychanalyse, 2003.
- André S., *Que veut une femme ?*, Seuil, Points, 1995.
- Bach R., *Un pont vers l'infini. Une histoire d'amour*, Flammarion, 1984.
- Badinter É., *Fausse route*, Odile Jacob, 2003
- Badinter É., *L'Un est l'autre. Des relations entre hommes et femmes*, Odile Jacob, 1986.
- Badinter É., *XY. De l'identité masculine*, Odile Jacob, 1992
- Barre V., *Dites-le avec des femmes, le sexisme ordinaire dans les médias*, CDF, 1999.
- Beauvoir S. de, *Le Deuxième Sexe*, N.R.F., 1949.
- Beauvoir S. de, *Une mort très douce*, Gallimard, 1964.
- Bihr A., Pfefferkorn R., *Hommes/femmes, l'introuvable égalité ; école, travail, couple, espace public*, Les Éditions de l'Atelier, 1996.
- Blondin R., *Le Mensonge amoureux*, L'Âge d'Homme, 1984.
- Bly R., *L'Homme sauvage et l'enfant. L'avenir du genre masculin*, Seuil, 1992.
- Bourdieu P., *La Domination masculine*, Seuil, 1998.
- Brenot P., *Inventer le couple*, Odile Jacob, 2001.
- Chaumier S., *De la fusion romantique au désir d'indépendance*, Armand Colin, 1999.
- Cixous H., *Il y a deux sexes*, Gallimard, 1995.

- COLLECTIF, *Clés pour le féminin*, PUF, 1999.
- COMMAILLE J., MARTIN C., *Les Enjeux politiques de la famille*, Bayard, 1998.
- CORNEAU G., *La Guérison du cœur. Nos souffrances ont-elles un sens?*, Robert Laffont, Réponses, 2000.
- CORNEAU G., *N'y a-t-il pas d'amour heureux? Comment les liens père-fille et mère-fils conditionnent nos amours*, Robert Laffont, Réponses, 1997.
- CORNEAU G., *Père manquant, fils manqué*, Éditions de l'Homme, 1989.
- CORNEAU G., *Victime des autres, bourreau de soi-même*, Robert Laffont, Réponses, 2003.
- COURNUT J., *Pourquoi les hommes ont peur des femmes*, PUF, Le fil rouge, 2001.
- CYRULNIK B., *L'Ensorcellement du monde*, Odile Jacob, 1997.
- CYRULNIK B., *Le Murmure des fantômes*, Odile Jacob, 2003.
- CYRULNIK B., *Les Nourritures affectives*, Odile Jacob, Poche, 2000.
- CYRULNIK B., *Les Vilains Petits Canards*, Odile Jacob, 2001.
- CYRULNIK B., *Sous le signe du lien. Une histoire naturelle de l'attachement*, Hachette Littérature, 1989.
- CYRULNIK B., *Un merveilleux malheur*, Odile Jacob, 1999.
- DAMASIO A. R., *Le Sentiment même de soi. Corps, émotions, conscience*, Odile Jacob, 1999.
- DAVID-NEEL A., *Le Féminisme rationnel*, Les Nuits rouges, 2000.
- DELUMEAU J., *La Peur en Occident*, Fayard, 1978.
- DOTTIN-ORSINI M., *Cette femme qu'ils disent fatale*, Grasset, 1993.
- DUBY G., *Le Chevalier, la femme et le prêtre. Le mariage dans la France féodale*, Hachette/Pluriel, 1981.
- DUMAS D., *L'Ange et le fantôme, introduction à la clinique de l'impensé généalogique*, Éditions de Minuit, 1985.
- DUMAS D., *Sans père et sans parole. La place du père dans l'équilibre de l'enfant*, Hachette Littérature, 1999.
- EDELMAN G.M., *Biologie de la conscience*, Odile Jacob, 1992.
- ELIACHEFF C., HEINICH N., *Mères-filles, une relation à trois*, Albin Michel, 2002.
- FARGE A., KLAPISCH-ZUBER C., *Madame ou mademoiselle? Itinéraires de la solitude féminine. XVIIIe-XXe*, Montalba, 1984.
- FERNEY A., *La Conversation amoureuse*, Actes Sud, 2003.
- FITOUSSI M., *Le Ras-le-bol des superwomen*, 1987.

- FONTANEL S., *L'Amour dans la vie des gens*, Stock, 2003.
- FOUCAULT M., *Histoire de la sexualité. 3. Le souci de soi*, Gallimard, 1984.
- FRAISSE G., *Les Femmes et leur histoire*, Gallimard, 1998.
- FRANZ M.L., *La Femme dans les contes de fées*, La Fontaine de Pierre, 1979.
- FRIDAY N., *Ma mère, mon miroir*, Robert Laffont, 1976.
- GAILLARD J.M., *Séverine. Mémoires inventées d'une femme en colère*, Plon, 1999.
- GASTAMBIDE M., *Le Meurtre de la Mère. Traversée du tabou matricide*, Desclée de Brouwer/La Méridienne, 2002.
- GAUCHER M., *L'Inconscient cérébral*, Seuil, 1992.
- GIROUD F., *Les Françaises. De la Gauloise à la pilule*, Fayard, 1999.
- GIROUD F., LÉVY B.H., *Les Hommes et les Femmes*, Orban, 1993.
- GODFRIND J., *Comment la féminité vient aux femmes*, PUF, Épîtres, 2001.
- GRANOFF W., *Filiations*, Éditions de Minuit, 1975.
- GRANOFF W., *La Pensée et le féminin*, Éditions de Minuit, 1976.
- GROULT B., *Cette mâle assurance*, Albin Michel, 1993.
- GROULT B., *Pauline Roland ou comment la liberté vient aux femmes*, Robert Laffont, coll. Il était une fois, 1991.
- HAMON M.C., *Pourquoi les femmes aiment-elles les hommes ?*, Seuil, 1992.
- HARDING E., *Le Mystère de la femme*, Payot, 1976.
- HEINICH N., *États de femme. L'identité féminine dans la fiction occidentale*, Gallimard, 1996.
- HÉRITIER F., *Masculin/féminin. La pensée de la différence*, Odile Jacob, 1996.
- HOROWITZ E., *Se libérer du destin familial. Devenir soi-même grâce à la psycho-généalogie*, Éditions Dervy, 2000.
- HURST, *Back Street, en marge de la vie*, Nouvelles éditions latines, 1988.
- HURTIG M.C., PICHEVIN M.F., *La Différence des sexes. Questions de psychologie*, Tiercé Sciences, 1986.
- KAUFMANN J.-C., *La Femme seule et le Prince charmant. Enquête sur la vie en solo*, Nathan, Essais & Recherches, 1999.
- KAUFMANN J.-C., *La Trame conjugale*, Nathan, 1992.
- KHAN M., *Passion, solitude et folie*, Gallimard, 1985.
- LAING R.D., *Est-ce que tu m'aimes vraiment ?*, Stock, 1978.
- LAQUEUR T., *La Fabrique du sexe*, Gallimard, 1992.
- LASCAULT G., *Figurées, défigurées. Petit vocabulaire de la féminité représentée*, UGE, 10/18, 1977.

- Laufer D., *Seule ce soir ? Le livre des nouvelles célibataires*, Carrère, 1987.
- Maalouf A., *Le Premier siècle après Béatrice*, Poche, 1992.
- Majnoni d'Intignano B., *Femmes si vous saviez*, Éditions de Fallois, 1996.
- Malarewicz J.A., *Le Couple : quatorze définitions décourageantes, donc très utiles*, Robert Laffont, 1999.
- Mannoni M., *Amour, haine, séparation*, Denoël, L'Espace analytique, 1993.
- Mannoni M., *Elles ne savent pas ce qu'elles disent*, Denoël, L'Espace analytique, 1998.
- Markale J., *L'Amour courtois, ou le couple infernal*, Imago, 1987.
- Memmi A., *La Dépendance*, Gallimard, Folio Essais, 1979.
- Métral M.O., *Le Mariage. Les hésitations de l'Occident*, Aubier, Présence et pensée, 1977.
- Michelet H., *La Sorcière*, Garnier-Flammarion, 1966.
- Mijolla A. de, *Les Visiteurs du Moi*, Les Belles Lettres, 1981.
- Miller A., *C'est pour ton bien*, Aubier-Montaigne, 1986.
- Miller A., *La Connaissance interdite*, Aubier, 1990.
- Montagner H., *L'Attachement*, Odile Jacob, 1988.
- Montreynaud F., *Le XXe siècle des femmes*, Nathan, 1992.
- Mossuz-Lavau J., de Kervasdoué A., *Les Femmes ne sont pas des hommes comme les autres*, Odile Jacob, 1997.
- Nachin C., *Le Deuil d'amour*, Éditions universitaires, 1989.
- Nahoum-Grappe V., *Le Féminin*, Hachette, 1996.
- Naouri A., *Les Filles et leurs mères*, Odile Jacob, Poche, 2000.
- Naouri A., *Une place pour le père*, Seuil, 1982.
- Neuburger R., *Nouveaux couples*, Odile Jacob, 1997.
- Ninio J., *L'Empreinte des sens*, Odile Jacob, 1989.
- Olivier C., *Les Enfants de Jocaste*, Denoël, 1980.
- Perrot M., *Les Femmes ou les silences de l'Histoire*, Flammarion, 1998.
- Pinkolo Estès C., *Femmes qui courent avec les loups. Histoires et mythes de l'archétype de la femme sauvage*, Grasset, 1996.
- Rougemont D., *L'Amour et l'Occident*, Plon, 1952.
- Roussel L., *Le Mariage dans la société française contemporaine, faits de population, données d'opinion*, PUF, 1975.
- Sarraute C., *Des hommes en général et des femmes en particulier*, Plon, Pocket, 1996.
- Satir V., *Thérapie du couple et de la famille. Thérapie familiale*, Hommes et Groupes, Épi, 1971.

- Schierse Leonard L., *La Fille de son père. Guérir la blessure dans la relation père-fille*, Le Jour Éditions, 1990.
- Scott J.W., *La Citoyenne paradoxale. Les féministes françaises et les droits de l'homme*, Albin Michel, 1998.
- Shorter E., *Le Corps des femmes*, Seuil, 1984.
- Shorter E., *Naissance de la famille moderne*, Seuil, 1977.
- Singly E. de, *Fortune et infortune de la femme mariée*, PUF, 1987.
- Singly E. de, *Le Soi, le couple et la famille*, Nathan, 1996.
- Souzenelle A. de, *Le Féminin de l'être. Pour en finir avec la côte d'Adam*, Albin Michel, 2000.
- Sperber D., *La Contagion des idées*, Odile Jacob, 1996.
- Stoller R.J., *Masculin ou féminin ?*, PUF, 1989.
- Storr A., *Solitude. Les vertus du retour à soi-même*, Robert Laffont, 1991.
- Tenenbaum S., *Bien vivre sa vie de couple. Affectivité, Psychologie, Communication*, InterÉditions, 1999.
- Tenenbaum S., *L'Art de s'aimer sans mots*, Albin Michel, 2003.
- Tenenbaum S., *Nos paysages intérieurs. Ces idées qui nous façonnent*, InterÉditions, 2000.
- Tisseron S., *Nos secrets de famille. Histoires et mode d'emploi*, Ramsay, 1999.
- Vincent J.D., *Biologie des passions*, Seuil, Points, 1998.
- Vincent J.D., *La Chair et le Diable*, Odile Jacob, 1995.
- Viorst J., *Les Renoncements nécessaires. Tout ce qu'il faut abandonner en route pour devenir adulte*, Robert Laffont, Réponses, 1988.
- Von Franz M.L. et Hillman J., *Jung's Typology : The Inferior Function and the Feeling Function*, Spring Publications, Dallas, 1971.
- Watzlawick P., *Faites vous-même votre malheur*, Seuil, 1984.
- Zazzo R., *L'Attachement*, Delachaux et Niestlé, Neufchâtel, 1974.

Table des matières

Introduction 13

Chapitre 1
ÊTRE UNE FEMME SEULE AUJOURD'HUI 15

1. Femmes et traditions 17
Depuis toujours, on marie les femmes 17
Le féminin dans les inconscients masculins 18
Un homme est libre, une femme est seule 19
Le poids des traditions 22
La pression familiale 23
Le combat des femmes 24
Un féminisme positif 26

2. Les difficultés de la femme qui vit seule 28
Un célibat qui ne réjouit plus 28
Les femmes ennemies des femmes 30
Le temps passe trop vite 31
Une société de l'apparence 32
La liberté sexuelle 34
Entre indépendance et engagement 35
Un nouveau mariage 37

Chapitre 2
LA CONFUSION DES DÉSIRS 41

1. Le rêve du Prince charmant 43
Une image mythique 43
Portraits du Prince charmant 44
Des attentes illusoires 45
Trop de critiques 46
La recherche du même 48

2. La magie de l'amour **50**
La passivité 50
Les ravages des contes de fées 51
Les amoureuses de l'amour 53
La toxicomanie amoureuse 54
L'amour pour remplir un vide 56
Un intense besoin de fusion 58

3. Du rêve à la réalité **61**
Le prince déchu 61
L'amour qui fait peur 64
Peur de la rupture 65
La peur de ne pas être à la hauteur 68

4. Lutter contre les peurs **69**
La femme forte 69
Les femmes machistes 71
La guerrière 72
La séductrice 74

5. Le choix de l'autre **76**
Le choix de l'autre n'est jamais un hasard 76
L'influence des croyances 77
Les choix inadaptés 78
L'habit ne fait pas le moine 79
Tout ce qui brille n'est pas d'or 81
Les bourreaux des cœurs 82
Les victimes de la vie 84
Les sauveurs-guérisseurs 87
L'homme non disponible 90

6. La peur de la « bonne » rencontre **94**

Chapitre 3
LE POIDS FAMILIAL **97**

1. Enfance et vie amoureuse **99**
Le premier amour 99
« Tu vivras mes désirs » 100
« Tu seras un homme, ma fille ! » 101

« Tu m'appartiens » 102
Le modèle du couple parental 103

2. Les relations mère/fille **105**
« Marie-toi mais ne te marie pas » 106
« Reste-moi fidèle » 106
Les messages négatifs 107
Les mères non maternantes 109
Les mères ennemies des hommes 109
Les mères rivales 111
Les mères dépressives 112
Les mères immatures 113
Les mères abusives 115
L'ambivalence des sentiments 117
La séparation impossible 118
La dépendance organisée 119

3. Le rôle des pères **122**
Les carences paternelles 122
Les pères absents 123
Les pères trop autoritaires et critiques 126
Les pères éternels adolescents 128
Les pères volages 129
Les pères qui aiment trop leur fille 130

4. L'inceste des pères **131**
L'inceste des pères, un crime 132
Les mères pas toujours innocentes 133

5. Le poids des générations : le transgénérationnel **135**
Les transmissions transgénérationnelles 136
Olivia... 136
... et les autres 138
Les grand-mères 139
Les secrets de famille 140
Les loyautés familiales 141

Chapitre 4
PRENDRE LA RESPONSABILITÉ DE SES AMOURS 143

1. Se connaître pour mieux se comprendre 146
Prendre conscience de sa propre valeur 146
Cesser de se considérer comme une victime 148
Une rencontre nécessaire avec soi-même 149
Prendre conscience de ses projections 151

2. Porter un regard différent sur sa vie amoureuse 152
Choisir la lucidité 154
Reconsidérer les ruptures 154
Savoir finir une relation 157

3. Se réconcilier avec ses émotions 160
Écouter son corps 161
Sous la tristesse, la colère 162

4. Tourner la page sur le passé 164
Renoncer à retrouver le premier amour 165
Arrêter de rêver sa vie 166
Se réconcilier avec la réalité 168
Découvrir qui est son père 169
Renoncer au père parfait 171
Se dégager du couple mère/fille 172
Une nécessaire séparation 173

5. Se tourner vers l'autre 176
Accepter les différences 176
Accepter sa propre imperfection 177
Mieux comprendre le masculin 178
Les hommes ont peur des femmes 180

6. Apprendre à conjuguer le verbe aimer 182
Aimer, c'est recevoir 183
Aimer, c'est donner 184
Distinguer « être amoureuse » et « aimer » 185
Donner du temps à l'amour 187

Conclusion 191
Bibliographie 193

Du même auteur

- *Les tours de Babel - Parler, écouter, raconter, dire : Savoir se faire comprendre*, Éd. Jean-Claude Lattès, 1993.

- *L'hypnose éricksonienne - Un sommeil qui éveille*, InterÉditions, 1996.

- *Bien vivre sa vie de couple - Affectivité, psychologie, communication*, InterÉditions, 1998.

- *Nos paysages intérieurs - Ces idées qui nous façonnent*, InterÉditions, 1999.

- *L'Ennéagramme - Connaissance de soi et développement personnel*. En collaboration avec Françoise Cavé et Dominique Laugero, InterÉditions, 2000.

- *L'Esprit de la magie - La PNL - Relation à soi, relation à l'autre, relation au monde*. En collaboration avec Josiane de Saint Paul, InterÉditions, 2002.

- *L'art de s'aimer sans mots*, Éditions Albin Michel, 2003.

Conception graphique : Cécile Kremer
Suivi éditorial : Myrtille Chareyre

Composition IGS
Impression : Imprimerie Floch, mai 2004
Éditions Albin Michel
22, rue Huyghens, 75014 Paris
www.albin-michel.fr

ISBN : 2-226-15344-6
N° d'édition : 22542. – N° d'impression : 60225
Dépôt légal : juin 2004
Imprimé en France